世有一人，如美景良辰

婉约词女李清照传

纪云裳——著

江苏凤凰文艺出版社
JIANGSU PHOENIX LITERATURE AND ART PUBLISHING LTD

图书在版编目（CIP）数据

世有一人，如美景良辰:婉约词女李清照传/纪云裳著. -- 南京：江苏凤凰文艺出版社, 2018.9

ISBN 978-7-5594-2789-2

Ⅰ. ①世… Ⅱ. ①纪… Ⅲ. ①李清照（1084–约1151）—传记 Ⅳ. ①K825.6

中国版本图书馆CIP数据核字（2018）第194155号

书　　名　世有一人，如美景良辰：婉约词女李清照传
作　　者　纪云裳
选题策划　鲤伴文化　李梦芸
责任编辑　姚　丽
特约编辑　王一力
责任监制　刘　巍　江伟明
封面设计　仙　境
出版发行　江苏凤凰文艺出版社
出版社地址　南京市中央路165号，邮编：210009
出版社网址　http://www.jswenyi.com
印　　刷　环球东方（北京）印务有限公司
开　　本　880mm×1230mm　1/32
字　　数　187千字
印　　张　7.75
版　　次　2018年9月第1版，2020年7月第4次印刷
标准书号　ISBN 978-7-5594-2789-2
定　　价　42.80 元

目录

第一幕

世有一人，如美景良辰 / 001

一 明月松间照，清泉石上流 / 002

二 知否，知否，应是绿肥红瘦 / 011

三 倚门回首，却把青梅嗅 / 021

四 世有一人，如美景良辰 / 028

五 卖花担上，买得一枝春欲放 / 035

第三幕 归去来兮，赌书泼茶 / 085

十一 小楼风雨恨潇潇 / 086

十二 寂寞梨花，满地飘雪 / 093

十三 有一素心人，陪我数晨昏 / 100

十四 芝兰为寿，煮酒论词 / 108

十五 岁月赠我青山冢，我还光阴白头吟 / 116

第二幕

一种相思，两处闲愁 / 043

六 渐一番风，一番雨，一番凉 / 044

七 我有所念人，隔在远远乡 / 054

八 千里之外，见字如面 / 060

九 明水无所有，聊赠一枝春 / 069

十 帘卷西风，人比黄花瘦 / 076

第五幕 又还秋色，又还寂寞 / 167

二十一 庭院深深深几许 / 168

二十二 一瞬间风吹青丝，一刹那雪落白发 / 178

二十三 情怀好比旧时衣，心亦万古如长夜 / 187

二十四 酒醒熏破春睡，梦断不成归 / 196

第四幕

花自飘零水自流 / 125

十六　念武陵人远，烟锁秦楼 / 126

十七　微雨孤馆，闻君有两意 / 133

十八　我倦欲眠君未去，明朝有意抱琴来 / 143

十九　万水千山，知他故宫何处 / 151

二十　醉里插花花莫笑 / 158

第六幕 生如博弈，落子无悔 / 205
二十五 长记海棠开后，正伤春时节 / 206
二十六 枕上诗书好，闲看木樨花 / 212
二十七 欲将血泪寄山河，去洒东山一抔土 / 219
二十八 人生，是一场落子无悔的博弈 / 225
二十九 风住尘香花已尽 / 232

第一幕

世有一人，如美景良辰

一

明月松间照，清泉石上流

齐州。章丘。明水。时为大宋王朝神宗元丰七年（公元 1084 年），二月初五。

“仲春之月，桃始华，仓庚鸣，鹰化为鸠，玄鸟至，雷发声，始电。”

我出生了。

残冬褪尽，春意盎然，人间用万物萌动的暖意迎接了我，一个粉嫩的小婴儿。

我生来与父亲亲近。

“明月松间照，清泉石上流。竹喧归浣女，莲动下渔舟。随意春芳歇，王孙自可留。”

父亲从王摩诘诗中撷字为我取名李清照，视我为掌上珍宝，百般宠爱。

幼年的我，用稚气的声音问他，我的母亲，去了何处？

父亲没有回答，只是疼惜地将我拥入怀中。

后来，安详的祖父告诉我，母亲因为生我时损耗了身体，在我不到两岁时即怅憾离世。

我坐在厅堂之中，望着洁净的苍穹，开始相信人有灵魂。灵魂最终会遇风化水，葬在心的归处。而母亲的灵魂，一定是洁白皎然的，如涓涓清泉，正在我的生命里流淌延续。

我八岁那年，父亲迎娶了另一位女子。

他说，清照，此后，她就是你的母亲。

她是状元王拱辰二夫人薛氏的长孙女，家境盈实，书香门第，尤善诗文。她与母亲有着同样的姓氏，这让我莫名的亲近。我喜欢在她梳妆的时候偷看她的脸，有一种尘埃落定的宁谧光泽，如一尊古瓷，泊在月光里，让我感觉温润入心。

好，此后，你就是我的母亲。

我的父亲是李格非。

如若有神灵，他当是母亲心中的神。

母亲唤他文叔，声音虔诚而轻柔。母亲常说，能陪伴、侍奉父亲这样的男子，是福分。

瞻彼淇奥，绿竹如箦。有匪君子，如金如锡，如圭如璧。她如此说起来的时候，会望着宅院外面的那一片竹林嫣然浅笑。父亲当初相中这所宅院，即是喜欢那片适宜幽居的竹林。她笑起来，眼神是漾动的，有平时难得的潋滟，仿佛能开出春花万朵。

母亲教我女红，亦教我书画。

“天有云霞，烂然成锦，此天之设色也；地生草树，斐然有章，此地之设色也；人有眉目唇齿，明皓红黑，错陈于面，此人之设色也。”

“春景则雾锁烟笼，长烟引素，水如蓝染，山色渐青。夏景则古木蔽天，绿水无波。秋景则天如水色，簇簇幽林。冬景则借地为雪，樵者负薪，渔舟倚岸，水浅沙平。”

母亲善画兰竹。

我最爱学她笔下的竹叶，每一片都宛若父亲俊美如刀的眉。竹茎则虚怀若谷，贞高绝俗，又有清朗之意在枝节中游走。她画的兰，安宁地依偎在竹根，开出的花洁白如玉，翩跹如蝶，点缀映衬着一纸竹韵。

父亲就是如竹的男子。

记忆若有气味，翻阅我成长的章节，想必会萦绕着清馨的竹林气息，相伴墨香氤氲，茗烟聚散，琴声悠远。

父亲是大文学家苏轼的学生，与廖正一、李禧、董荣并称“苏门后四学士”。他在神宗熙宁九年考取进士，自此三世为仕，承继一脉书香。

父亲任职多处，始终廉洁如一。因朝廷有兼职之制，郡守见他清贫，欲让他兼任其他官职，然他断然谢绝，甘守坚贞与清正。

父亲半仕半隐，尤为推崇魏晋名士。

彼时父亲在东京任太学正，公务之暇，他便会在厅堂置笔砚，写文章。

父亲文采斐然，世人称之：如茧抽绪，如山云蒸，如泉出地流，如春至草木发，须臾盈卷轴。

家中书牍翰墨甚多，少年时我常自比蠹鱼，希望可以畅游书海，餐文食字，吃一肚子笔墨，自得风流。

父亲称我有文心慧根，便教我习文、作诗、填词、弹琴，目光殷殷，期愿有天能与我比肩蔡邕父女。

“方唐贞观、开元之间，公卿贵戚开馆列第于东都者，号千有余邸。及其乱离，继以五季之酷，其池塘竹树，兵车蹂践，废而为丘墟。高亭大榭，烟火焚燎，化而为灰烬，与唐俱灭而共亡，无馀处矣。”

父亲的著作亦是我案头常置之书，是时，他正在撰写《洛阳名园记》，以园林的繁盛与寂灭，看洛阳的兴盛与衰败，内有亭台楼阁，花鸟鱼虫，四时景物，意趣天成。

父亲告诫我：“文不可以苟作，诚不著焉，则不能工。文以气为主，气以诚为主，当情出肺腑，切忌斧凿痕。如诸葛孔明《出师表》，刘伶《酒德颂》，陶渊明《归去来兮辞》，又当今苏东坡先生《赤壁赋》，皆是万古文章。”

我一一铭刻于心。

厅堂墨香盈盈，正梁上立有匾额，名曰“有竹堂”，正是父亲遒劲飒然的墨迹。壁上还悬挂一篇《有竹堂记》。与苏东坡先生一样，父亲亦是不可居无竹，从明水，到东京，他半隐于此，深居简出，谈笑有鸿儒，往来无白丁。

有客来，父亲便会开一坛陈酿，与客谈古论今，点评诗文，畅饮琥珀光。

微醺时分，最宜抚琴而歌。

父亲精通音律，曾著《礼记精义》数十万言，他以《归去来兮辞》入谱，琴音在指间激荡跃动，如惊涛叩岸，如竹风化雨，如烟霞吞吐，如薄雾发散，先是孤悲，再是沛然，余音则冲淡澹远，悠悠空明。

一曲终了，举座皆沉醉。

闲云潭影日悠悠，物换星移几度秋。

时光如鸟翅，倏尔滑过耳际。

是年春，我一夕豆蔻。

窗外竹林愈发苍莽茂盛，浓翠蔽日。不做功课的时候，我喜欢带着远弟去那里玩耍，折一枝竹叶，在林中欢快地奔跑，再唱一首李太白的《长干行》：

妾发初复额，折花门前剧。郎骑竹马来，绕床弄青梅。

同居长干里，两小无嫌猜。十四为君妇，羞颜未尝开。

远弟是小我八岁的异母小弟，常跟在我身后，乳声乳气地喊“姐姐”，我摸摸他的小脑袋，慢慢从身后给他“变出”一个竹蜻蜓，他便会拍手大笑，十分满足。

我脚下竹叶松软，如一片温柔的海，竹笋破土而出，像探出海面的大鱼之鳍，勾住我的裙裾。头顶天光云影，百岁似水流，身边溪深人静，摇漾绿波，不禁让人心生万千情愫，郁郁葱葱，如晨竹拔节。凝神间岁月拂面，竹风可知心底事？

十五岁，母亲为我行笄礼。

那一日，母亲将我唤至身边，亲手帮我解开双鬟，梳好发髻，又从她的妆奁中取出一枝青梅发簪，为我簪戴在发髻上。

“梅具四德：初蕊为元，开花为亨，结子为利，成熟为贞。清照，你长大了，这支发簪将满载我的祝福，伴你一生。”

“清照谢过母亲。”我俯身，满心感恩。

母亲眼神深邃，声音轻柔，指肚拂过我眉睫的时候，有一股重剑无锋的静气。

“清照，我喜欢你的名字。山色空濛，水色清照，做一个如水的女子，心有善渊，甚好。至柔者，容天下。”

“逝者如斯夫，不舍昼夜。母亲，清照不敏，不过小小女子而已，岂能奢望容天下。”我若有所思，自顾将后半句敛藏于喉舌下，眼波后，“只愿得一人心，朗月相照，一世清宁。”

母亲目光炯然，却不挑破：“蔡文姬也是小小女子，文采气节皆不输男儿，清照是文叔的明珠，豆蔻年华即文心奕奕，才气铮铮，日后定得青蓝之胜。”

我粲然一笑：“光阴百代，生如浮舟，说到底，也不过是一朵梅花的枯荣，但留清香在人间也。然而无论习文还是做人，清照愿得父亲一个‘真’字，亦愿得母亲一个‘静’字。”

春去秋来，转眼又入冬。暮霭沉重，凝结在林间树梢，摇摇欲坠。晚来天欲雪，能饮一杯无？

父亲在厅堂围炉烫酒，身边竹影簌簌，似有客自远方来。他是俗世里的隐者，洒脱自在，也是文字的剑客，疏旷不羁，此中真意，欲辨忘言。

风雪天气，山静似太古，日长如小年。

我却最喜欢看母亲煎茶，如一场独特的仪式，让人心思缱绻。

竹窗闲寂，碳火微红，案上梅花疏影横斜，尤为清艳幽独。

母亲碾茶为末，烹泉为汤，以筅击拂，动作娴熟且静雅。

少顷，便有茗沫咬盏，云头初起，雨脚微斜，如鳞云浮动，枣花初生。

我手持茶盏，看那湖海山川、花鸟鱼虫、满腹锦绣、峥嵘岁月……尽化在一盏丹青中。

于是，我亦如那手把芙蓉的故人，在静笃安然又玲珑剔透的茗香里，细细品味了一名女子婉转如诉的半生。

十六岁那年盛夏，溪亭的十里风荷开得尤为绚烂，比美酒还要醉人。

一日，我与女使伶儿前去游玩，半壶佳酿，一叶扁舟，笑语琳琅，至藕花深处时，竟沉醉忘归，一不小心便到了日暮时分。

归家路上，我手捧一束荷花，花朵在薄暮中微微颤袅，头上的发簪发出灼灼光亮。

是夜，伶儿为我研墨，我披着一身荷香，趁着余兴在纸上填下一阕小词。

常记溪亭日暮，沉醉不知归路。

兴尽晚回舟，误入藕花深处。

争渡，争渡，惊起一滩鸥鹭。

——《如梦令·酒兴》

笔墨未干，一气呵成。

我把小词拿给父亲看，他脸上浮现出一种从未有过的光泽，随之辗然而笑："清新隽永，风姿洒然，真乃绝妙好词，中郎有女堪传业也！"

因这一阕《如梦令》，世人赞我，书香才女，词名初显。

而我似乎已在冥冥之中，听到了命运之轮转动的声音。

二

知否，知否，应是绿肥红瘦

元符三年春（公元 1100 年），我十七岁。

上元灯会，东京大相国寺，我第一次见到他。

大相国寺每月开放五次，给百姓们交易商品，飞禽奇兽、文房古玩、胭脂水粉、衣帽日杂，无所不有。

当夜恰逢佳节，更是人声鼎沸，热闹非凡，乐声嘈杂十余里。

寺内花光灯影，鱼龙旋舞，百戏人物，宛若飞仙。头顶星河璀璨，月华如练，给琉璃宝梵镀上一层璀璨的玫瑰金。朵廊边上，辛夷盛放，灿若锦绣，桐花照水，熠熠生辉。

我站在京城腹地的流水浮灯之中，呼吸里都浮动着春月夜的香气。

分明满目烟霞，却觉浮生若梦。

佛殿后面的资圣门前摆满了古玩字画，我与伶儿走到那里时，已是月近中天。

伶儿兴致甚高，一路叽叽喳喳，如出笼小鸟，而我一身薄汗，见桐荫下有张石桌，便欲坐下歇息。

忽有人拍打肩膀："清照妹妹！"

是堂兄李迥，他长我两岁，一贯俏皮率真，是时正在太学读书。

他的身边，还站着一位白衫少年，腰间佩有美玉，神采高雅，相貌清逸，气宇轩昂，像是世家公子，不似纨绔子弟。

"这位是我的同窗好友赵明诚，当朝吏部尚书赵相公的季子，读书广博，酷爱书画，尤善金石鉴赏……"

我起身莞尔道一万福："见过赵秀才，清照这厢有礼了。"

"清照妹妹叫我德甫就好。李家词女，才冠古今，德甫久闻芳名，却还是第一次相见……果然人如其文，清丽无双。"

他声音清越，如珠玉过耳，眼神贴切地承接住我的目光，嘴角绽开一道温良柔和的弧线。

今夕何夕，见此邂逅。

夜色浓稠，我却看到了春天最灿烂的阳光。

心湖屏息静气了十七年，刹那间惊涛骇浪。

只因桐荫花灯之下，那张明媚清朗的面孔。

是夜晚归，我一路心神恍惚，耳边回荡的尽是桐荫下的一番话：

“先秦铜器，铭文属大篆，书者即画，尽于象形，此鼎铭上一字，象虎皮之形，乃‘虎’字也。

“我五岁时随父母闲居德州，接触金石之学，从此魂梦牵萦，福祸相倚。如今求学太学，每半月也必定告假到大相国寺购置碑文石刻。

“从上古三代，至隋唐五代，将这些钟鼎彝器的铭文款识与碑铭墓志的石刻文字都收集下来，以备写《金石录》，记载所见所感，证经补史，以垂后世，乃我生平之志。”

到家后，我匆匆去书房寻了欧阳文忠公的《集古录》放置枕边，十卷书一卷不落。

记得父亲曾提起过，《集古录》详细记载了周代至隋唐的金石器物、铭文碑刻上千种，可谓开金石学之先河。

爱人者，兼其屋上之乌。

只恨从前不曾熟读。

夜色渐深，坐在铜镜前，伶儿打着哈欠为我卸妆：“姐姐，你的落梅花钿掉了！”

“你说什么？”我蓦然回过神来。

“我说姐姐，你脸上有红霞两朵。”伶儿偷笑。

“朗朗如日月入怀，肃肃如松风徐引。今夜之行，竟触目见琳琅珠玉。”

“姐姐是在大相国寺遇见宝贝了么？”

“天下神器，不可为也，不可执也。为者败之，执者失之。”我自顾叹息。

“姐姐心忧天下了！”

山有木兮木有枝，心悦君兮君不知。我望着镜中人，不曾饮酒，却似薄醉：“伶儿你不知道，喜欢一个人，他便是珠玉，爱便是天下。”

是夜，吹灭灯盏，万籁俱寂。

惟余枕下相思声，在心间，卷起千堆雪。

淡荡春光寒食天，玉炉沉水袅残烟。梦回山枕隐花钿。

海燕未来人斗草，江梅已过柳生绵。黄昏疏雨湿秋千。

——《浣溪沙》

忽而寒食至。

母亲极少下厨房，但每年这个时候，母亲都会亲自和面蒸一些枣飞燕，然后用柳枝细心地将其串好，插于门楣之上。

“春秋时期，晋国发生内乱，大臣介子推随公子重耳在外逃亡十九年，尝尽饥寒与艰险，一直不离不弃，其间还将自己的腿肉割下为重耳充饥续命。

“十九年后，重耳回朝得权，是为晋文公。介子推为了不受利禄，竟与母亲归隐绵山。晋文公为了迫其出山而下令放火焚林，然而介子推却宁死不见，终抱柳树而亡。

“相传焚林之时，曾有百燕绕烟悲鸣，用羽翼为介子推遮挡火焰。而文公率众臣上山祭奠子推，更见被烧柳树死而复生。

“后世为了纪念介子推，便年年在他的忌辰禁烟禁火，只吃寒食，并在前一日蒸饼为燕，以柳枝串于门窗，谓之‘子推燕’。

“士甘焚死不公侯，满眼蓬蒿共一丘。清照，你要记得，人固有一死，繁华富贵，功能虚名，皆是云烟，但求尽忠尽义，恪信守德，不负我心。”

“孩儿定当谨记母亲教诲。”

其实儿时母亲就曾告诉过我有关“子推燕”的渊源。或许因为我已长大，母亲这一日又旧事重提。

彼时年幼不经世事，并不曾将这个节日背后的故事放在心上，然而近年来时闻朝野风云变幻，党争日益激烈，苏门各学士皆仕途颠沛，几遭贬谪，父亲在朝亦是如履薄冰，再联想历代王朝的兴衰成败与政党之争，不禁对母亲言下之意深深思忖了一番。

随后我去父亲厅堂，见他书案上放有一首张耒的《读中兴颂碑》。

据《集古录》记载，《大唐中兴颂》乃湖南浯溪一处碑文，“气书字尤奇伟而文辞古雅”，唐大历六年，由元次山撰文，颜鲁公书写，与气象清绝的山光岚气并称“三绝”，记叙唐肃宗平安史之乱后中兴大唐的史实，历来极受文人雅士推崇。

然而纵观全诗，张文潜公在指责玄宗与误国红颜，赞颂肃宗与兴国功臣之余，却完全看不到肃宗之弊，李辅国和张后，岂不是第二个高力士与杨妃？

张文潜公尚且看不到历史的覆辙，况天下人又如何看得到我朝的水深火热？

自古以来，又有多少王朝，不是败落于外敌入侵，而是衰亡于家国内乱。

思至此，竟一时心潮涌动，意气难平，遂奋笔疾书，和诗两首：

五十年功如电扫，华清花柳咸阳草。
五坊供奉斗鸡儿，酒肉堆中不知老。
胡兵忽自天上来，逆胡亦是奸雄才。
勤政楼前走胡马，珠翠踏尽香尘埃。
何为出战辄披靡，传置荔枝马多死。
尧功舜德本如天，安用区区纪文字。
著碑铭德真陋哉，乃令神鬼磨山崖。

子仪光弼不自猜，天心悔稿人心开。

夏商有鉴当深戒，简策汗青今具在。

君不见，当时张说最多时，虽生已被姚崇卖。

——《浯溪中兴颂诗和张文潜·其一》

君不见惊人废兴传天宝，中兴碑上今生草。

不知负国有奸雄，但说成功尊国老。

谁令妃子天上来，虢、秦、韩国皆天才。

花桑羯鼓玉方响，春风不敢生尘埃。

姓名谁复知安史？健儿猛将安眠死。

去天尺五抱瓮峰，峰头凿出开元字。

时移势去真可哀，奸人心丑深如崖。

西蜀万里尚能反，南内一闭何时开？

可怜孝德如天大，反使将军称好在。

呜呼！奴辈乃不能道辅国用事张后尊，乃能念春荠长安作斤卖。

——《浯溪中兴颂诗和张文潜·其二》

“唐太宗有言：以铜为鉴，可正衣冠；以人为鉴，可明得失；以史为鉴，可知兴替。父亲，还要烦请您将孩儿这两首和诗扩散出去。”

“我儿文才果然不同凡响，托古讽今，寄意深远。我朝党争已久，朝堂互相倾轧，尔虞我诈，一如战场刀戈相向。我儿虽身在深闺，却有此等忧国之心，实乃为父知己，吾怀甚慰。”

是夜，竹雨潇潇，风声鹤唳。

我与父亲开坛畅饮琥珀光，借杯中之物，浇心头块垒，却是俱怀逸兴壮思飞，欲上青天揽明月。

我的名字再次响彻东京。

和诗被广为传颂。

时人盛赞：“诗情如夜鹊，三绕未能安。少陵也自可怜人，更待来年诗春草。”

“才力华瞻，世无其二。”

但世人不知，我要的并非浮名虚誉。国若不泰，何来民安？我只希望我的诗可以成为一剂醒世良药，让朝堂之上的人有所警醒。抑或说，我只想安稳度日，执子之手，良辰美景，一世清平。

昨夜雨疏风骤，浓睡不消残酒。

试问卷帘人，却道海棠依旧。

知否，知否，应是绿肥红瘦。

——《如梦令·春景》

寒食一过，春深如海。

街上陆续有了挎着马头竹篮卖花的人，馨香可人的牡丹、芍药、海棠、木香、白兰……叫卖声声，清脆入耳，在晨曦初绽之前，将昨夜酒醉的人唤醒。

翌日，迥哥哥送来书简，却有意瞒过父亲，冲我诡秘一笑。

海棠树下，红蕊零落，落地成笺，写尽芳菲意。

我匆忙展信，几行俊逸清奇的字迹映入眼帘。

心跳如春，尤恐在梦中。

凤凰鸣矣，于彼高冈。梧桐生矣，于彼朝阳。菶菶萋萋，雍雍喈喈。

清照妹妹在相国寺遗落的花钿，德甫一直贴身珍藏。

下月浴佛斋会时，梧桐树下，可否一见？

是爱情么？

十七年来，爱情于我，不过是一座在心中兀自搭建的海市蜃楼。我曾经熟读那么多写爱情的诗文，却从未有一篇为我而写。而彼时，绽开书信的须臾，上穷碧落下黄泉，似乎所有的爱情，都是为我而写。

直道相思了无益，未妨惆怅是清狂。

我捧着信纸，如历尽百世相思，半夕忽老。

闭上眼睛，一时竟看不见时间与苍生。

春阳迷离，流年流转，我只听得见一个人的声音。

宛若召唤。

那一刻，我的灵魂与肉身，我的十七载年岁，仿佛都是为了奔向那一个清晰真实的名字。

赵明诚。

三

倚门回首，却把青梅嗅

元符三年（公元 1100 年）四月初八，大相国寺斋会如期举行。

是日风轻日暖，天空中舒卷的白云亦金边熠熠，犹如佛光乍现。

我与伶儿陪同母亲前去瞻仰浴佛盛况，犊车从城南一路穿街过河，经由楼宇飞桥，茶坊酒肆，画阁绣户，行至相国寺桥上时，已经能闻到袅绕的佛香，听到梵音。

在我的记忆中，自从我们搬到东京居住后，母亲每年此时都会去寺中敬献供品，祈愿国泰民安。

慈、悲、喜、舍，母亲一生都在奉行，她是有善缘福慧的人。

关于浴佛的起源，母亲曾告诉我，悉达多太子在兰毗尼园无忧树下降生时，得九龙吐水洗浴圣身，后世为纪念佛陀诞生，便在佛堂或露天净地设置洗佛台，在台中的妙床座上供奉一手指天、一手指地的释迦太子金像，然后以牛头旃檀、紫檀、多摩罗香、甘松、芎、白檀、郁金、龙脑、沉香、麝香、丁香等种种妙香煎成的汤水浴之，以证如来法身，以求心念清净，无忧无垢。

那些浴佛之水，将会被善男信女们带回家中相互赠送，相传可度人间苦厄，消心内宿疾。

浴佛当天，寺庙在寺外布席斋食，延绵数十里，足以接纳数以万计的信徒与看客。

寺庙内则香火弥漫，佛偈声声，金光照眼，奉香仪式过后，每一名信众皆可上前为佛身灌洗香汤，并高声唱诵浴佛谒文。

我今灌沐诸如来，净智功德庄严聚；

五浊众生令离垢，愿证如来净法身。

未知相思苦，怎肯信神佛。

在此娑婆世界，色如聚沫、受如水泡、想如阳焰、行如芭蕉、识如幻事，我却甘愿历经红尘，万劫不复。

深爱上一个人，他是我的地狱，亦是我的佛陀。

我在佛像前虔诚合十，心事细细密密。

虚妄人间，过眼成灰，如今却因一个人的出现，我开始期盼菩提有树，明镜有台，生生世世，清宁无央。

我本无忧，因爱白头。

浴佛仪式完毕之后，我跟母亲“告假”片刻，便悄悄绕至佛殿后面，去赴桐荫之约。

人潮汹涌，我心亦如惊涛，却还是一眼将他认出。

既见君子，云胡不喜？

他微笑着向我走来，低眉拉着我的衣袖，将我带至树下，从怀中拿出一方丝帕，又将我的手掌轻轻打开，就像打开一朵含苞的花，然后将丝帕放在我手心。

“清照妹妹，你的落梅花钿。”

我攥紧丝帕，似乎感受到了他掌心的余温，心里不禁欣悦如莲。

“谢过德甫，你有心了。”

“清照妹妹，承蒙你眷眄，上次与你一见如故，分别之后，竟日日思之不忘。又听闻你不曾婚配，真是幸甚过望，不可言也。待他日家父回京，德甫想尽快禀明父母，与清照妹妹缔结秦晋之好，并择吉日上贵府提亲。”

他双目含情，温柔而郑重地凝视着我的眼睛，期待着我的答复：“只是不知清照妹妹意愿如何……你心中若无此意，德甫便自当是发梦一场了！”

我心动怦然，满颊绯红，偏又一时情怯，心思婉转。

眼波流动间，便低头细声说道：“今年端阳佳节，清照愿与德甫同饮青梅酒。”

绣面芙蓉一笑开，斜飞宝鸭衬香腮。眼波才动被人猜。
一面风情深有韵，半笺娇恨寄幽怀。月移花影约重来。

——《浣溪沙》

回家路上，我坐在轿内，观望着身边的繁华城池，喧嚣市井，依然如游历华胥之梦，只觉情绪郁郁葱葱，似有青云之意，又觉心事澄澈安然，仿佛碧湖夜眠。

但我可以无比确定的便是，自己的人生已经被命运之手分割成了两个部分，即遇到他之前，和遇到他之后。

而不久之后，京城酒楼七十二家，家家都会开始出售清香酸甜的青梅酒。

行至城南清风楼时，有几个头簪榴花的孩童在举着柳枝追逐、唱歌，声音清脆，如枝头黄莺，不知人间哀愁。

白首如新，倾盖如故，以心托人，必择所安。

德甫，我如此倾心于你，但愿福不唐捐，爱亦如是。

回到家中，我跟母亲商量，今年可否由我来酿制青梅酒。

母亲欣然应允。

她站在我面前，为我扶正发髻上的金钗，爱抚地望着我，声音波澜不惊：“以日以年，青梅依旧，清照，你亦到了摽梅之年了。”

我却是心弦一动，握住母亲的手说：“能做母亲的孩儿，是清照前世修来的福缘。”

和风徐来，我痴痴站在梅树下，望着手中的丝帕，城南的歌声再次浮上耳际，竟惹起遍地清愁。

“摽有梅，其实七兮，求我庶士，迨其吉兮……”

他，会如期到来吗？

我与伶儿一起采摘青梅。

梅树是母亲来我们家那年栽种的，如今已是亭亭如盖，硕果累累，顷刻间，我们便收获了一筐。

记得往年浴佛节之后，母亲就会在晴好天气开始酿制梅子酒，以及令人准备端阳节的各类风物吃食。

譬如五色朱索、花花巧面扇、艾草、紫苏、菖蒲、木瓜、香糖果子、粽子等，其中瓜果都要切成细丝，和菖蒲、生姜、紫苏配合在一起，再用香药、蜂蜜腌渍，最后盛入梅红木匣中，待端阳日与青梅酒一起开封，是时满匣清香，入口生津。

青梅酒的酿制方法我亦谙熟于心。

就像东京七十二家酒楼的镇店佳酿，父亲如数家珍，明月楼的洞庭春色，潇湘楼的般若蜜，会仙楼的天外飞仙，琼瑶楼的眼儿媚，幽兰轩的君子醉……而父亲最爱的，还要当属城南清风楼的琥珀光。

母亲便用琥珀光来酿制。

她在酒坛底部先铺上一层百宴斋的松花冰糖，然后放入用盐水浸泡再晾晒过的青梅果实，最后倒入琥珀光封坛，存于后院的酒窖里，近一月便可开封。

是时，坛中梅子变得金黄，味道酸甜可口，果香浓郁，酒色则芳醇澄亮，最宜夏夜就月对饮，身边花影簇簇，耳际虫声吱吱，闭目两腋生凉，只欲乘风归去。

我一点一点地循着记忆，如法炮制，谨慎入微。

只愿不负端阳。

蹴罢秋千，起来慵整纤纤手。露浓花瘦，薄汗轻衣透。

见客入来，袜划金钗溜。和羞走，倚门回首，却把青梅嗅。

——《点绛唇·秋千》

初夏时节，白昼延长，碧空盈盈，空气清和。

那一日，我正在院子里蹴秋千，太阳光线透过梅树枝叶在我的薄衫上洒下朵朵光斑，像透明的蝶翅轻微震颤。

忽闻客至。

伶儿狡黠地眨眨眼睛，对我轻声耳语：“姐姐，你的宝贝来了！”

我又喜又惊，又羞又怯，只能匆忙离开，偏又忍不住倚门回望，只见他春风满面，眼角眉梢都是欢喜意，身边还跟着两名着紫色坎肩的媒人，还有一名憨厚温顺的仆从。

日日夜夜，心心念念，赵明诚，他果然来求亲了！

“言与司合，安上已脱，芝芙草拔”，一时间，赵明诚梦中所得的姻缘字谜，传遍东京。

人道是：词女之夫，良缘天赐。

端阳日，大宋词女李清照酿制的青梅酒，正好可以试尝。

是夜城南，蔡水河边，清风楼阁，棹歌灯影，二十四桥明月初绽。

我与德甫同船对饮，只觉美酒无双，岁月醺然。

“清照妹妹，如若有来生，苍茫人世，紫陌红尘，路过你的身边，德甫只愿还能拾得你的花钿。”

水中月是天上月，眼前人是心上人。我举杯，向他柔情凝眸，又将杯中酒一饮而尽。

“尾生抱柱，至死方休。”

四

世有一人，如美景良辰

天阶夜色凉如水，卧看牵牛织女星。

七夕之夜，灯火初上，东京城中车马盈市，罗绮满街，月亮像是一块晶莹透亮的浮冰，在茫茫夜空尚未化去。

我与伶儿带着远弟，穿梭在街市的袂云汗雨中，去看一场皮影戏。

皮影用素纸雕镞，再以彩色装皮，话本大都源自史书，其中人物公忠者气宇轩昂，奸邪者面目可憎，美人顾盼生辉，书生白面温文，孩童调皮可喜，影人则身居幕后，仅凭一口、双手，即可叙述千古事，操纵百万兵，赚足观众的欢笑与眼泪。

我喜欢看皮影，其实是源于《汉书》中记载的一个爱情故事。

“北方有佳人，绝世而独立，一顾倾人城，再顾倾人国。”

李夫人是乐师李延年的妹妹，虽出生平民，却精通音律，纤腰绰约，极善歌舞，并有倾城之色，得平阳公主推荐入宫后，即成汉武帝宠妃。

后来，李夫人重病卧床，汉武帝前去探望，她却屡次以被子蒙头而辞谢："妾久寝病，形貌毁坏，不可以见陛下。还望陛下多关照妾的孩儿及兄弟。"

"夫人病甚，恐不能痊愈，不如让我见一面再嘱托后事，岂不快哉？"

"妇人貌不修饰，岂可见君父。妾不敢怠慢陛下。"

"夫人若见我一面，将赏赐千金，并保你兄弟官位尊贵。"

"此乃陛下的隆恩，却不在于见妾一面。"

李夫人活得清醒，明白以色事人的道理，色衰而爱弛，爱弛则恩绝。

所以，在她染疾故去之后，停留在汉武帝心里的，依旧是她昔日的美貌，从未折损丝毫。

所以，她的孩儿兄弟还能得帝王庇荫，她的香魂还能令汉武帝日夜相思，梦而不得，悲痛不已。

一日，大臣李少翁出门，在路边看到一名孩童手拿布偶玩耍，影子倒映于地，栩栩如生。李少翁心有所动，便回宫令人用棉帛裁成李夫人的影像，勾勒花容，点染云裳，涂以绝色，再在手脚处装上木杆。

入夜时分，李少翁围上纱幔，拉开幕布，点上灯烛，恭请汉武帝端坐纱帐中观看影像。只见灯影朦胧中，李夫人的身影翩然降临幕布后，时而轻盈起舞，时而裙裾飞旋，依稀初见时妙丽善舞的倾城模样。

半晌后，灯灭人去，宛若飞仙返还天宫。

汉武帝霎时潸然泪下，神思恍惚，口中不由喃喃念道：“是邪？非邪？立而望之，偏何姗姗其来迟，却又徐徐离去。”又自作长赋，伤悼夫人，亦聊以寄恨，是为《李夫人赋》。

人非木石皆有情，不如不遇倾城色，从此之后，这个故事便与皮影戏流传千古。

我身边的皮影戏演的是《河汉织女》，可谓应景。

“天河之东，有一丽人，乃天帝之子，机杼女工，年年劳役，织成云雾绢缣之衣，辛苦殊无欢悦，容貌不暇整理，天帝怜其独处，嫁与河西牵牛为妻，自此即废织纴之功，贪欢不归。天帝大怒，责归河东，仅一年一度使鹊为桥，与牵牛相会……”

街市上不时跑过手持碧绿荷叶的小孩，他们和迒弟一样，都是身着鲜艳的新衣，模仿着“磨喝乐”的样子，相互嬉戏取乐。

母亲曾告诉我，“磨喝乐”是梵文“磨目侯罗”的讹音，本是佛祖释迦牟尼之子，天龙八部之一，传入中土之后，渐渐演化成手执莲蓬、含苞莲花或新莲叶的孩童之形，并被时人喜爱玩赏，在七夕之时，则用以供奉织女，祈求平安多嗣。

于是想起晨间德甫差人送来的一对磨喝乐小偶，红纱碧笼，喜笑颜开，煞是可爱，可不正是此番模样么？

“磨喝乐啊磨喝乐，小儿把玩为得笑乐，新妇供养为盼良嗣，赵秀才差人给姐姐送这件礼物，想必是内心期盼麟儿了！”

伶儿的笑闹之语又浮上耳际，我一时内心竟生出异样的温柔，便顺手将手中的果脯赠与几名“磨喝乐”，微笑着目送他们淹没在人群中。

河心画舫之上，有一位低首敛眉的女子正在弹唱秦观的《鹊桥仙》，她霓裳倾泻，琴心婉转，声音随夜风拂上街道，令人如置身一场蝶梦，思绪亦不由得缥缈起来。

德甫是太学学生，我们虽同在东京，却也不能时常见面，有时还要凭借鱼雁书信传递情愫。

思至此处，我心头亦不免有憾意，如冰，在温热的身体里慢慢氤开。

良辰易去如弹指，金盏十分须尽意，人生又有多少朝朝暮暮，来等待两情久长？

金风玉露，人间无数，皆不过是自我宽慰的曲言托辞。

伶儿问我：“姐姐，如果命运可以选择，你愿意做天上的织女，还是愿意做人间的女儿？”

我不回答，便反问她：“伶儿想做什么？”

伶儿正值豆蔻，心思亦直白可爱：“自然是天上的织女，无忧无虑，万古青春，长乐永年。”

我望着天上的纤云与飞星，想起一个人的脸，便回答道：“得成比目何辞死，愿作鸳鸯不羡仙。”

河边草丛里，腐草为萤，点点而飞，几名少女手持轻罗小扇，正在追赶流萤，画面如诗如词。

江畔何人初见月，江月何年初照人。

人生代代无穷已，江月年年只相似。

于是在想，是不是因为有了月光，人间的悲欢苦乐才能流转于世?

然而江月年年依旧，抑或，只因未曾沾染这人间的悲欢与苦乐罢。

归家之时，母亲已经在庭院中布置好了“乞巧”台，上置和罗香、方胜、酒炙、笔砚、针线与果实花样，还有各类巧思玩意，如用小板制作出的村落，用瓜果雕刻成的鲜花，用各色小豆种于瓷器结以红篮彩缕的“种生”……以及一对嗔眉笑眼的磨喝乐小木偶。

是时家中女客将齐来纳凉赏月。待到月上中天时，便各自拿起黄铜制成的七孔针，对月迎风，穿针引线，已婚者求心灵手巧，未婚者祈美满姻缘。

我亦静默祈愿，愿世有一人，如美景良辰。

湖上风来波浩渺，秋已暮、红稀香少。

水光山色与人亲，说不尽、无穷好。

莲子已成荷叶老，青露洗、蘋花汀草。
眠沙鸥鹭不回头，似也恨、人归早。

——《怨王孙·赏荷》

时间如流水，秋色忽已暮。

竹林萧瑟，院子里的梅树终于落下了最后一枚叶子。

风起青萍之末，经由人心世事之后，滋味便与往常不同。

那一日，我与伶儿去湖上看荷。

是时天色明净如妆，湖水碧波浩渺，世间万物似已尘埃落定。

湖上有人在唱一支古老的歌谣，声音渐行渐近。

我想起昨夜有竹堂内，父母的对话，以及父亲的悲伤与叹息，心绪却是风入波澜，大音希声。

“清照婚事已定，如今良辰将近，文叔为何愁眉？”

“世事一场大梦，人生几度秋凉。夜来风叶已鸣廊，看取眉头鬓上。”

“苏先生已获赦，太后在朝听政，其他元祐士子亦被追复原官，或可盛世安宁。”

“端王即位之后，朝野看似平稳，实则暗藏波澜。自熙宁新法以来，朝廷新旧两党之争就未曾真正平息过，期间牵连无数，我半生跌宕，已入秋声，他日怕也无法幸免。奈何党派之争，历来都是牵一发而动全身，我真正担心的是日后政局动荡，会牵涉李赵两家，累及清照姻缘。”

“文叔莫忧，此心安处是吾乡。”

见一叶落而忧岁之将暮，睹瓶中冰而忧天下之寒。

居住东京长达数年，这里的水光山色，一草一木，已似我的亲人。

我岂能不知，历朝历代，朝堂上的斗争皆是波谲云诡，如今赵家与李家分属两党，父亲是忧心他日不论哪一方失势，我都难免遭遇株连，受颠沛动乱之苦。

但父亲不知，只要有心爱之人在身边，便是暗室逢灯，荆钗蔬饭当胜过锦衣玉食，流离失所也是此心安处。

母亲如斯，我亦如是。

五

卖花担上，买得一枝春欲放

我的出阁之日一天一天临近了。

秋去冬来，我或端坐闺阁读书习文，或与德甫互通书信，对照情思，分享日常喜悦。

时间让我的内心沉静了下来，隐约藏着希冀，之前繁芜的思绪也愈发明朗清晰。在情感的世界里，我终于不再需要跋山涉水，投石问路，只需围炉烫酒，静待良人。

冬至那天清晨，我打开窗户，发现夜间下了一层薄雪。

清寒的风穿过竹林，传来星星点点的爆竹之声，笙竽之声，如置身烟火市井，又宛若云外清音。

是时，东京城内各门各户皆在更易新衣，备办饮食，享祀先祖，大家庆贺往来，一如新年。

是日，亦是赵府来送冠帔的日子。

不久之后，我将头戴凤冠，身着霞帔，成为赵明诚的妻子，与之举案齐眉，自此宜室宜家。

用以回赠的新郎公服早已备好，包括幞头、花胜，都用一个红木礼盒盛着，放在我的闺房里，与我相伴了两个月的日日夜夜。

德甫的公服是母亲差东京最好的裁缝制作的，其料优良，其艺精湛。

在公服右边的衣袖内，我自作主张绣上了一朵小小的梅花，一如当初我在大相国寺遗落的那枚花钿，他曾用右手捡起，放入一方丝帕中。

我想让美景良辰为我们见证，想让德甫永远记得，我们生生世世的花钿之约。

“生死契阔，与子成说。执子之手，与子偕老。”

在无数的清晨，午后，黄昏，夜间，我抚摸着公服上的每一寸面料，想象着他身着此服骑上骏马接我入轿向我灿然微笑的样子，身体里所有的柔情与爱意都会滴滴答答地汇集起来，如小溪流入江河，江河注入湖泊，最后在内心深处化作一片甜蜜的汪洋，深沉，寂静，无边无际。

建中靖国元年（公元 1101 年）正月二十，我的大婚之日。

窗外，梅花一夜绽放，芳馥甘冽。

伶儿折下一朵为我簪戴在发髻上：“姐姐，你一定是东京城内最美的新娘。”

在响彻云霄的锣鼓和鞭炮声中，在东京府司巷的御赐宅邸前，德甫牵住我的手，迎我下轿。

“合二姓之好，上以事宗庙，下以继后世。”一位阴阳先生沿着青布毡席为我抛撒谷豆、铜钱、吃食，以镇杀神，祈求祥瑞。

门外宾客鼎沸，有人持镜倒退，引我进入新房之中，我手持彩锻绾成的同心结，坐在婚床上，等他一起去家庙参拜。

参拜完之后，我们再回到新房对拜。姑姑们会在我们的床上用铜钱与彩果进行“撒帐”，祝愿我们早生贵子。然后将我们的两缕头发系在一起，互饮交杯酒，是为“合髻”。

结发为夫妻，恩爱两不疑。

欢娱在今夕，嬿婉及良时。

我心切切。

卖花担上，买得一枝春欲放。泪染轻匀，犹带彤霞晓露痕。

怕郎猜道，奴面不如花面好。云鬓斜簪，徒要教郎比并看。

——《减字木兰花》

春意渐浓，每一寸光阴都藏着黄金。

新婚后，赵家上下待我虽不算亲密有加，但也处处情礼兼到。我平时多在房间读书习字，出门亦有伶儿作伴，待德甫自太学归家，便可琴瑟和鸣，日子过得还算清好安宁。

阳春二月，黎明时巷子里已渐次有卖花声传过来，卖花人的嗓音也仿佛被晨光润泽过，显得格外清透动听。

伶儿每次出门，都会为我捎回一枝梅花，轻轻放在我的床头，还带着晓露的痕迹，朵朵无邪，清香如故。

人道是春光易逝，却不知年华似水。

是日清晨，我对镜理云鬟，斜簪花枝，又央德甫为我贴花钿。

“奴面可好看？”

“娘子灼灼年华，眉目如画，自是好看。”

“比花面如何？”

“在德甫心里，世间女子，万物生灵，唯有娘子芳泽无加。”

多年过后，物是人非事事休，我常在想，自己一生清傲，亦不屑以色事人，当初为何会忧心容颜老去，会怕郎猜道，奴面不如花面好。

也只因，惧怕色衰而爱弛，爱弛则恩绝。

佛经里说：“一切恩爱会、无常难得久、生世多畏惧、命危于晨露，由爱故生忧，由爱故生怖，若离于爱者，无忧亦无怖。”

只因我爱他，远胜于他爱我。

所以，我愿意痴守着自己的爱与忧，情与怖，半晌贪欢之后，忍受着漫长岁月里的红尘颠沛之苦。

尽管彼年彼时，我对未来尚无所知。

德甫依然痴迷金石。

他常对我说，即便布衣蔬食，也要遍访天下，收集古文奇字，以慰平生之志。

我亦渐渐起了兴致。

或许在旁人看来，搜集金石资料甚是枯燥，然而我们却是乐在其中，不知疲倦。每次只要见到古今名人的字画，夏商周时的奇器，我们都要凑钱买下，甚至去典当身上的衣服也甘之如饴。

在我们婚后，每月初一、十五，太学都会放假，那时德甫便会去大相国寺购置金石书画，然后再给我买上一包瓜果蜜饯，一路步行回家。

到了家中，我们就一起相对展玩考辩，再佐以小酒，配之瓜果吃食，只觉时光温情绵绵，是那般的怡然可亲。

晚来一阵风兼雨，洗尽炎光。理罢笙簧，却对菱花淡淡妆。绛绡缕薄冰肌莹，雪腻酥香。笑语檀郎，今夜纱橱枕簟凉。

——《丑奴儿》

崇宁元年（公元 1102 年）春，有人曾将南唐画家徐熙的一卷《牡丹图》送至府上。

世人皆称徐熙性情豪爽旷达，志节高迈，善画花竹林木，蝉蝶草虫，其妙与自然无异，我们小心打开卷轴，果然笔法野逸，风韵绰约。

只见画上牡丹风露晓妆，栩栩如生，在一树白色玉兰花的映衬下，开得尤为娇娆、天真，一派风月情浓。花树之下，则有湖石嶙嶙，清光润眼，鸳鸯闲步，翅羽分明，背景则是一角花青色的湖泊，气氛幽美寂静，仿佛隔着故纸与岁月，亦让观画的人心里泛起温香。

画是稀世珍品，价钱亦贵。对方起价二十万两，我们权衡再三，只能选择放弃。我们虽为贵家子弟，但赵家为官清廉，德甫也尚在读书，加之我们经常购置金石，已余钱无几，实在是有心无力。

是年春，城外南陌的牡丹开得甚为清艳。

三月十五看牡丹，乃东京三十余年以来的风俗。

是日，城外燕舞晴空，芳草鲜美，牡丹如锦如绣，宝马香车尽聚于此，有人曲水流觞，有人折翠簪红，有人寻芳选胜，有人秋千浅笑，有人蹴鞠疏狂，众皆言笑晏晏，正所谓拚了尽烛，不管黄昏。

是夜，我与德甫在灯下畅饮，容华淡伫的牡丹花影下，金樽玉液，情意醺然。

笔墨亦酣。

禁幄低张，彤栏巧护，就中独占残春。容华淡泞，绰约俱见天真。待得群花过后，一番风露晓妆新。娇娆艳态，妒风笑月，长殢东君。东城边，南陌上，正日烘池馆，竞走香轮。绮筵散日，谁人可继芳尘？

更好明光宫殿，几枝先近日边匀。金樽倒，拼了尽烛，不管黄昏。

——《庆清朝慢》

“娘子好词，咏牡丹，不露牡丹，不着一字，尽得风流。”

“可慰官人昔日徐熙《牡丹图》之憾？”我眼角含笑，细密心思，被他一览无遗。

“多谢娘子。”德甫沉默半晌，凝眸以对：“娘子或不知，我少年时曾熟读欧阳文忠公的《集古录》，彼时常癖他博古通今之才华，亦暗羡他红袖添香之福缘。如今莫说是欧阳文忠公，即便是给我一个神仙来做，我亦是不做的了。”

“为何？”

“得佳眷如你，德甫平生再无怅憾。”

窗外夜色席卷而来，将万物生灵齐齐淹没，桌上灯影宁谧，瓶中的两枝牡丹亦渐渐收拢香息，如鸳鸯收拢了翅羽，依偎着进入了梦乡。

愿为西南风，长逝入君怀。

感受着枕边人的呼吸，我心如止水，亦心生贪恋。

我本素心悠悠，怎抵情话绵绵？

便似这般，贪恋花花草草，朝朝暮暮，世世生生，岁岁年年。

第二幕

一种相思，两处闲愁

六

渐一番风，一番雨，一番凉

崇宁元年（公元 1102 年）七月二十八日，我回娘家看望双亲。

彼时，站在那株古老的梅树下，看到父亲憔悴的身影，我不禁涕泪满襟。

时隔经年，谁承想，父亲当初的担忧，竟成了谶言，而我身边熟悉的一花一木，也即将成为流年梦痕。

红酥肯放琼苞碎，探著南枝开遍未？
不知酝藉几多香，但见包藏无限意。
道人憔悴春窗底，闷损阑干愁不倚。
要来小酌便来休，未必明朝风不起。

——《玉楼春·红梅》

自徽宗亲政，并改年号为“崇宁”之后，我朝政治风云的走向就已初现端倪。

何为“崇宁”？崇的乃是“熙宁”新法。

熙宁年间，因国家制度出现流弊，神宗第一次启用王安石推行新法，但遭到以司马光为首的保守派坚决反对。

自此朝堂风浪迭起，政局一分为二，我大宋王朝也开启了一场由政见不同而衍变，交织着权利与私怨，错综复杂又炽烈无休的新旧两党之争。期间，无数忠君之臣遭异党攻击，受同党排挤，被弹劾，被杀害，被下狱，被贬黜，被流放，蒙受不白之冤，历尽人格的侮辱，精神的落寞与肉身的凄苦。

元祐年间，哲宗年幼，由太皇太后垂帘听政，旧法被恢复，旧党亦被重用。

哲宗亲政之后，又开始任用新党，并以“绍述”神宗成法为名，改年号为绍圣。

徽宗即位时，倾向于旧法的向太后权同处分军国事，便再次启用旧党，又改年号为“建中靖国”，以示“本中和而立政”，“昭示朕志，永绥斯民”。如今向太后驾崩，徽宗亲政，蔡京归来，风向势必将再次改变。

山雨欲来风满楼。

朝堂之上，有人得意，有人惶恐。

而通常，当一个人把前途交与了朝堂，那么他的性命身家乃至亲人的命运，都将牵系其中，不得自主。

于是便有人不惜一切代价地投机取巧，见风使舵，只为排除异己，逆流而上，站上权势的巅峰。

如蔡京。

蔡京曾拥护过王安石变法，也曾参与元祐年间的推翻新法活动，绍圣初年，他又积极附和新法。徽宗即位后，他因受旧党弹劾而被贬至杭州，名义上为闲居，实则蠢蠢欲动，伺机而行。

徽宗爱好笔墨丹青，数次令宦官童贯赴三吴之地搜集书画奇珍，蔡京见时机已到，便日夜作陪，百般巴结，贿以不可计数的名贵书画，金银珠宝，娇柔美人，无所不用其极。

“必欲继志述事，非用蔡京不可”，不久后，蔡京即被新党力荐，先升任执政，后又升任右相。

诏命传下时，徽宗赐座延和殿，问蔡京：“神宗创法立制，先帝继承，两遭变更，国家大计还未确定。朕想继承父兄的遗志，卿有何指教？”

蔡京叩谢：“臣愿效死力。”

绍述新法不过是一个御笔亲赐的幌子，以此公报私仇，陷害忠良，拉结党羽，搜刮民财，只手遮天才是蔡京真正的目的。

崇宁元年五月，徽宗下令烧毁元祐旧法，并下诏将所有旧党成员列入“元祐奸党”名单，包括已去世的苏东坡先生，以及苏辙、苏门四学士等五十七人。

名单上的这些人将永世不得在朝为官，其父兄、儿女、门人也将被逐出东京，且朝廷宗室官员皆不得与元祐党人的后代联姻，若有订亲者，亦当即刻解除婚约。

至于名单上的故去者，生前所得的一切头衔都会被收回，同时，他们留下的诗文会被禁，刻有其笔墨的石碑也将被毁。

豺狼当道，鲸鲵不枭。

亦有人刚正不阿，不惧逼诱，不惜付出流放与离散的代价，如我的父亲李格非。

父亲历来与元祐党人渊源颇深，但因之前一直担任虚职，且未正式入党籍，便时有人令父亲站在苏门学子的立场，搜集、编排“罪证”，检讨、抨击旧党中人，以此“立功加官”，皆被父亲严词拒绝。

黑云压城城欲摧，甲光向日金鳞开。

父亲忠贞之心坚如金石，岂能背弃恩义，落井下石，受奸人威逼利诱。

我还记得，绍圣元年的初夏，章惇拜相执政，为报当年太后摄政期间将其监禁之仇，他丧心病狂地贬斥旧党，流放诸臣，并立局编造奏疏，威逼内廷官吏检讨元祐党人，甚至劝哲宗将司马光的坟墓掘开，棺木砸烂，鞭尸示众，以此来惩戒元祐后人。

章惇首先便以“毁谤先帝”为名，将苏先生贬至岭南，且不罢休，不日后，父亲又接到一纸诏令，朝廷让父亲去新局任职检讨，编造奏疏，搜集旧党罪证，父亲拒不就职，因而得罪章惇，很快便被外放，贬为广信军通判。

是年七月，朝中贴出了第二份不得在京差遣的元祐党人名单，父亲的名字赫然在列。

我回娘家的那一日，正好是苏东坡先生的周年忌日。

一年前，承蒙向太后恩德，苏先生得以北归，然而常年累月的身心漂泊，早已摧残了他的身体，当他一路舟车到达常州时，病情再度恶化，不久便魂兮归去。

是日，父亲特意在家中摆了香烛，告慰先生在天之灵。

母亲告诉我，父亲悲愤于朝中境况，又念及苏先生的忠魂与坎坷，竟一夜沧桑。

中原百国东南倾，流膏输液归南溟。

祝融司方发其英，沐月浴月百宝生。

水娠黄金山空青，丹砂昼晒珠夜明。
百卉甘辛角芳馨，旃檀沈水乃公卿。
大夫芝兰士蕙蘅，桂君独立冬鲜荣。
元所慑畏时靡争，酿为我醪淳而清。
甘终不坏醉不醒，辅安五神伐三彭。
肌肤渥丹身毛轻，冷然风飞罔水行。
谁其传者疑方平，教我常作醉中醒。

是夜，桂子飘香，月影如水，我陪父亲小酌，听他唱吟苏先生的《桂酒颂》，又想到双亲即将南迁桂岭，从此与我万里之遥，云水相隔，便心有深沉悲戚，如泰山之石，不可转也。

“苏先生文韬武略，天纵之才，一生磊落光明，自由如风，却三起两落，颠沛流离，实在令人心痛。然而亦如先生所言，浩然之气不依形而立，不恃力而行，不待生而存，不随死而亡者矣。如今先生肉身已逝，精神定将在天为星辰，在地为河岳，幽则为鬼神，明则复为人。”

“我儿实乃先生知己。先生奉襟怀于苍生，寄雄才于社稷，却也难以逃脱被奸人算计的窠臼。先生仙逝之后，大宋浩然之气已尽十之八九矣！为父此去怕是再难，只是忧心如捣，恐我大宋基业要毁于小人之手，而沦为异族的刀俎鱼肉。”

吾迁桂岭外，仰亦见斗极。升高临大路，邮传数南北。
山川来时经，草树略已识。枝林归梦长，乡堠行历历。

“父亲，恕女儿不孝，我听闻您蒙难，便即刻上书舅[1]请求搭救，然而数次皆未果。”

“清照我儿，你不必自责，为父知你已尽力。小舟从此逝，江海寄余生，但愿夜阑风静縠纹平。”

是年八月，父亲于象州写信给我，谈及生活清苦，却苦中作乐，并附有诗作数首：

其一

去日有远近，寒暑乃不同。手捉而喙饮，嗜慾南北通。
是邦亦洙泗，人可牛与弓。良知尽虚市，妙质老耕农。
彼时张曲江，此时余襄公。二字稍颖脱，一洗凡马空。
斯文隔裔土，后生味华风。闽中要常衮，剑外须文翁。

其二

秦扁不南游，医方略岚嶂。茅黄秋雨淫，与疟盖同状。

① 舅：丈夫的父亲

叽师乌能神，适市半扶杖。吾欲养黄婆，母壮子亦王。
妙药只眼前，乞汝保无恙。

其三

居近城南楼，步月时散策。小市早收灯，空山晚吹笛。
儿呼翁可归，恐我意惨戚。从来坚道念，老去倦形役。
天其卒相予，休以南荒谪。宴坐及此时，聊观鼻端白。

另有七绝两首：

其一

步屧江村雾雨寒，竹间门巷系黄团。
犹嫌肮脏惊鱼鸟，父老相呼拥道看。

其二

八尺方床织白藤，含风漪里睡瞢腾。
若无万里还家梦，便是三湘退院僧。

是年八月，我舅赵挺之升任尚书左丞，兼中书门下侍郎，上佐天子，下遂万物，外镇诸侯，内亲百姓，皇上再赐宅邸，一时风光无限。

象州乃南蛮之地，万山重叠，蚊虫猖獗，瘴疠流行，我不忍父母与小弟遭受颠沛之苦，于是再次上书舅，字字恳切，求他从中斡旋，免我家人境况凄凉。

“蝼蚁草菅尚且有亲疏，何况人间父子情？”

“多说无益，我能保你暂不离京，已属不易。”

天与秋光，转转情伤，探金英知近重阳。薄衣初试，绿蚁初尝。渐一番风，一番雨，一番凉。黄昏院落，凄凄惶惶，酒醒时往事愁。那堪永夜，明月空床。问砧声捣，蛩声细，漏声长。

——《行香子》

是年八月，我感受到了一生中从未有过的寒凉，渗入骨髓，仿佛全世界的冷雨风霜，都落在了我的身体里。

皮囊之外，则是捣练之声，更漏之声，凄凄的蛩声，连绵不绝，令人日日难安，夜夜不寐。

“德甫，我不知道哪一天，我会与你分开。”

“娘子，你若离开，我便不再完整。”

德甫性情孝顺亦软糯，从不敢违逆父命，亦不敢为所爱之人争取分毫。

便只能在我四顾茫然的时候，借我一个怀抱，陪我落泪，黯然至天明。

我不怨他，因我爱他。

天与秋光，转转情伤。

草木微尘，一尘一劫。

佛说人生如梦如幻如泡如影如露亦如电，世事如此，空幻无常，我的心，却是月迷津渡，无舟可引。

是年八月，东京城内，秋色渐浓，菊英吐蕊，香息颤袅，如遍地金屑。

东京城外，秋风无边，掠过尘世与斜阳。

秋思不归家，人远天涯近。

幸而在这世间，还有一个人，在我立尽黄昏，沉思往事之时，可以为我温一盏酒，披一件衣，在我无路可退，无枝可栖之时，可以让我去他的心里躲一躲。

七

我有所念人，隔在远远乡

崇宁二年（公元 1103 年）七月，我打点行装，携伶儿回故乡明水。

上车时，德甫来送我，执手间，满目伤悲，字字哽咽：“此行千里，娘子定要万千珍重，记得常写信回来。待他日圣心回转，风向转圜，德甫再接娘子回京。”

看着眼前人，目光寸寸，心如刀割。

黯然销魂者，唯别而已矣！

我忍住眼泪，别过头去，狠心掐断心尖上的不舍：“夫君有心。还请留步，避嫌要紧。”

是年，得赵家庇荫，德甫长兄存诚升任卫尉卿，次兄思诚升任秘书少监，德甫也出仕任鸿胪少卿，主掌朝会仪节。

然而党禁风声亦愈发紧迫，我怕牵连德甫前程，便决定独自离京。与其在家中做一个不受欢迎的人，不如维持最后的体面，主动辞行。

犊车一路缓缓前行，回首巷子深处的赵家宅院，一时之间，竟生出隔世之感。

两年前，我曾簪戴梅枝，凤冠霞帔，乘坐花轿，在喧天的锣鼓声中风光进门，如今却成了罪臣之女，成了夫家上下都要避嫌的人。

奈何，奈何。

车过汴河，看着外面渐次倒退的熟悉景象，犹如置身华胥之梦。

水中商船云集，船夫的号子依旧热火朝天，声声蒸发在人潮与空气里。

河边酒楼依旧旗幡飞扬，新酿的果子酒正在热卖。

虹桥下苍老的说书人，一碗茶，一张桌，依旧每天眉飞色舞，博古论今。

隔壁戴着面具的青衫小道依旧清隽如昨，专卜寿命财运，算仕途姻缘。

桥上那家“口暑饮子”，生意依旧兴隆，达官贵人，平民百姓，皆驻足争饮，一碗润喉，两碗解渴，三碗消暑，两腋生风。

大相国寺的钟声依旧在天际荡漾，浮尘聚散，我佛拈花端坐云端，那桐荫之下，你来我往，多少人擦肩而过。

溪亭的十里荷花依旧开得姿态亭亭，香风四溢，莲叶深处，鸥鹭齐飞，全然不识人间的烟火与哀愁。

一切盛世依旧，人们绮罗金翠，香车宝马，花光满路，其乐无涯，亦不识世间干戈。

日光之下，仿佛什么都不曾发生。

只是没有人看见，大宋王朝这株枝繁叶茂的大树，已经暗自腐坏了根基，就像没有人看得见，一个女子心底，山呼海啸的凄凉与怅恨。

如果时间可以化作流动的琥珀，那么就请将我的记忆点滴封存，以慰我往后孤苦之身，飘零之心。

从此，东京城的繁华便如花过眼，转瞬即歇，多少热闹与温存，再与我李清照无关。

一千里路云和月，车过各州各县，皆会看到蔡京亲书的元祐党人石碑，上刻三百零九名党人姓名，他们有些已经故去，有些已被关押，有些则被贬黜蛮夷之地，连同子女，一律不得内徙。

害政之臣，以昭先烈……一笔一划一锥心，如此指鹿为马，混淆黑白，若天地有知，亦必要为之一哭。

归乡之途，何其漫漫。

夜间风雨飘摇，投宿郊野小店，桌上一灯如豆，桌下促织悄吟，看着伶儿为我端茶送水，不禁心有感念。

这么多年，我们名义上是主仆，实则感情胜似姐妹。伶儿身世凄苦，自小父母双逝，漂泊至东京时，得父亲好心收留，便一直跟在我的身边，陪我读书习文，为我打点生活，可谓心思灵巧，又尽责尽忠。

当初决定离京时，我曾问她："伶儿，我此一去，不知何日才能返京，生活也定当多有清寒，你我主仆一场，却比亲人更甚，我实在不忍你跟我受苦，不知你有无新的打算？"

伶儿声音坚定："姐姐，伶儿虽愚钝，亦知好仆不事二主的道理。这辈子无论你去哪里，无论你境况如何，伶儿都会对你忠贞不二。"

忠贞不二，至死不渝，此时此刻，我想起德甫也曾对我说过这样的话，往事经年，耳边竟似有余温。

只是他不知道，在我心里，如果有一天，我们的婚姻要用忠诚来维系，我一定会觉得非常悲哀。

站在门外，看冷雨无声湿桂花。

桂子的香息浮在鼻翼上，宛若轻雾，不失不散。

头顶风云际会，有鸟雀南飞，绕树数匝，又振翅离枝，没入夜色。

我心底诗情，一如夜鹊，三绕未安。

揉破黄金万点轻，剪成碧玉叶层层。风度精神如彦辅，大鲜明。

梅蕊重重何俗甚，丁香千结苦粗生。熏透愁人千里梦，却无情。

——《摊破浣溪沙·桂花》

闭目忆旧事，我想起的却是往昔的青天白日之下，曾与父亲坐在城南的老桂花树下吃茶，一大团一大团的香气悬在头顶，阳光烈烈，万里无云，不由令人心神温柔，呼吸醺然。

那也是一种令人永生难忘的香气。

父亲将桂花比作彦辅。

他告诉我，彦辅即乐广，西晋名士，清谈领袖，秉性谦和旷远，格调风雅无争，乃真正寄情于尘世之外的隐心之人。

有道是，彦辅人如水镜，见之莹然，如披云雾而睹青天也。

父亲还说，当年屈子作《离骚》，载天下草木之名，唯独未及桂花，真乃楚人遗恨。

桂花花瓣则细小贞静，淡淡轻黄，没有梅蕊一般的重瓣，没有丁香一般的盘结，没有菊瓣一般的身姿，也没有其他花卉那般浅碧深红色，每一枚花朵都隐匿在浓厚的绿叶之间，不争于形，不悦于人，淡泊尘世，体格疏远，却自有独特芳馥，留得别样清雅在人间。

如果说竹是父亲的影子，那么桂花，便是父亲的镜子。

以花为镜，空山吹笛，可冠千秋。

暗淡轻黄体性柔。情疏迹远只香留。
何须浅碧深红色，自是花中第一流。
梅定妒，菊应羞。画阑开处冠中秋。
骚人可煞无情思，何事当年不见收。

——《鹧鸪天·桂花》

是夜，我以愁绪研墨，以孤心润笔，借着残灯冷壁，潇潇风雨，填下两首桂花小词。

翌日清晨，我令伶儿将小词附于信笺之后，一并交与驿馆，寄给千里之外的父亲。

“万事销身外，生涯在镜中。惟将两鬓雪，明日对秋风。”

不知江南可有木樨相伴？

又想起曾经母亲跟我说，能陪伴父亲这样的男子是她的福分。

母亲或许不知，我如今有多么羡慕她。

夫妻之间，可以同甘，是情分，可以共苦，才是福分。

母亲曾告诉我，人生有七苦，生、老、病、死、怨憎会、爱别离、求不得。

这个秋天，岁月一夕苍老。

身为女子，我不求荣华，不慕富贵，亦可以为情而生，为爱而死，却唯独惧怕，梦醒不见君，与爱生别离。

八

千里之外，见字如面

相隔多年，我身披一肩风霜与清愁，又回到故乡明水。

正值初秋季节，风中时而掠过轻微的寒意，如清凉的燕翅掠过脸颊，大明湖畔，依旧是莲叶田田，荷花映日。

遥望齐州九点烟，一泓海水杯中泻。

极目远眺，云烟朵朵，青山巍峨，我一点点地凭借着儿时的记忆，去寻那竹柳深处的李家老宅。

“历下诸泉，皆岱阴伏流所发，西则趵突为魁，东则百脉为冠。”李家宅院便在明水百脉泉附近，水源百步，百泉合流，日夜沸涌，奔腾如雷。

下车时，发现宅院已被修葺一新，而院落四周依旧垂柳依依，竹叶簌簌，旁边的“漱玉泉”依旧清流脉脉，澄澈见底。碑石之上，祖父的笔迹亦秀逸有骨，温润如故。

祖父仙逝多年，伯父伯母如今也两鬓飞霜，见我满身风尘，伶仃归来，竟忍不住老泪纵横。

我生母早亡，父亲续弦之前，我一直跟着伯父居住。

那时祖父尚未过世，父亲出仕在外，幸而有亲人们的悉心照料，方免我童年漂泊之苦。

祖父对我极为疼爱，十余年后，我还记得，他将我抱在膝上，为院内泉眼命名的情景。

“漱玉”一词乃取自晋人陆机《招隐诗》：

结风伫兰林，回芳薄秀木。山溜何泠泠，飞泉漱鸣玉。

且玉有五德：“润泽以温，仁之方也；理自外，可以知中，义之方也；其声舒扬尊以远闻，智之方也；不折不挠，勇之方也；锐廉而不忮，洁之方也。”

漱石枕流，串珠玉泻，泉如其人，流芳百世。

正合祖父心意。

看着院中泉水，念及此处，我将自己的词集也命名为“漱玉”，以纪念祖父，亦希冀得到生养之地的庇佑。

午饭时，伯母特意为我做了一道明水藕片，称是我儿时最喜欢的菜肴。藕片清白如玉，香糯的稻米盛在竹筒之中，我却吃得一度哽咽。

席间，伯父提起我儿时的“周晬”之礼。

我周岁生日那天，祖父在地上罗列盘盏，盛放着金银七宝玩具、文房书籍、道释经卷、秤尺刀剪、升斗戥子、彩缎花朵、官楮钱陌、女工针线、应用物件、并儿戏物等，让我任意拈取，怎知我独爱那一支祖父的毛笔，将笔紧紧抓在手中便再不松手。

众人皆称此为天命，可见我来日定要继承笔砚，延续李家文脉。

伯父告诉我，如今看来，二十年前的预卜已经应验了，我在东京负有词名，若是祖父尚在世间，定是无比欣慰。

末了，伯父又忍不住感叹道，如今朝廷奸人当道，百姓被苛捐杂税压得不堪重负，愈发觉得世事艰难，皆是敢怒不敢言，于是便有人做童谣辗转发声：

“打破筒（童贯），泼了菜（蔡京），才是人间好时节。”

愤恨欷歔间，遥想曾经扑蝶的岁月，我与迥哥哥在宅院里折柳吹哨，唱着“两个黄鹂鸣翠柳，一行白鹭上青天。窗含西岭千秋雪，门泊东吴万里船”，志士还乡的祖父在厅堂里烹茶待客，说着“一箪食，一瓢饮，在陋室，人不堪其忧，吾不改其乐”，伯父从市集收摊而归，伯母便燃起竹叶，汲泉酿酒，酒香一路蜿蜒，香溢四方，正是李家独门秘制的“漱玉烧”。

竹深见鸣蝉，落雨听书声，那时的光阴是多么安然自若，每一个日子都馨香可喜，每一个时节都清欢有味。

只是不知昔日欢喜，何日才会重现？

我空有满腹文采，却长恨不是男儿身，无法上朝堂，谏君王，无力挽雕弓，射天狼。

便只能在这样秋风起兮，夜雨霖铃的时节里，栖身故地，埋首诗词，一觞一咏，心念苍苍。

急雨惊秋晓。今岁较、秋风早。一觞一咏，更须莫负，晚风残照。
可惜莲花已谢，莲房尚小。汀苹岸草。怎称得、人情好？
有些言语，也待醉折，荷花问道。道与荷花，人比去年老。

——《品令》

一场雨后，秋意深浓。

晚风中，我去湖边看莲花，听远处寺庙的钟声激荡云天，大雁飞过城楼，满心孤意，也满心深情。

看着水面上凋零的片片莲瓣，我想起曾经在大相国寺佛前许下的愿心，“娑婆世界，浊世三千，我愿为爱历经红尘，万劫不复”。

如此相思无计，两地寒凉，莫是历劫？

信佛的母亲曾告诉我，人间的莲花不过数十瓣，天上的莲花不过数百瓣，而西方净土的莲花可达千瓣以上，且硕大如车轮。我佛释迦牟尼出生之时，即能行走七步，且步步生莲，不污不染，不尘不垢，将万里浮云一眼看开。

在佛经中，莲花亦有四义：

一如莲华，在泥不染，比法界真如，在世不为世污。

二如莲华，自性开发，比真如自性开悟，众生诺证，则自性开发。

三如莲华，为群蜂所采，比真如为众圣所用。

四如莲华，有四德：一香、二净、三柔软、四可爱，比如四德，谓常、乐、我、净。

常、乐、我、净。我口中念念，眼中却饱含泪水。

若有来世，我愿生如莲荷，不为在泥不染，看开浮云，只因不入相思门，便不知相思苦。

我又想起那个名叫苏若兰的女子。

苏蕙，字若兰，魏晋三大才女之一，自小天资聪颖，慧心奕奕，三岁学字，五岁学诗，七岁学画，九岁学绣，十二岁学织锦，到了及笄之年，已经是芝兰绝色，且满腹文辞，一时上门提亲者如过江之鲫，然而多则多矣，尽是莽夫庸才，无一可得若兰青眼。

直至十六岁那年，若兰随父亲外出游玩，在莲花盛开的湖边与窦滔偶遇，方才觅得意中良人。

窦滔乃将门之后，翩翩少年，风神秀伟，饱谙经史，允文允武，时论尚之。是时，满湖莲花清艳绚丽，香气扑鼻，仿佛开启因缘之门，少年正挽弓射箭，青衫磊落，宝剑骏马，空中飞鸟应声而落。

见有人来，他悠然收起弓箭，恰巧迎上她的目光。

有美一人，清扬婉兮，邂逅相遇，适我愿兮。

刹那间，一瞬三生。

不久后，窦滔因受百姓拥戴，升任秦州刺史。

那一日，他骑着白马，铺十里红妆来娶她。

十七岁，若兰成为刺史夫人。

新婚燕尔，诗书唱和，可谓神仙眷侣，不知岁月人间。

又怎知两年后，他会因忤旨之罪，被贬谪敦煌，会耽于歌姬美色，而冷落于她。

歌姬赵阳台，姿容美艳，性情刁钻，时人称之，歌舞之妙，无出其右。他为阳台置之别所，美酒笙歌，通宵达旦。

阳台为争宠，不惜对若兰曲言诋毁，而他竟听信谗言，对发妻心生厌倦。

敦煌三年，她如同孤雁，日夜徘徊于笔墨诗书，将时间与哀愁一点一点地织成腹中锦绣。

只见新人笑，哪闻旧人哭。

三年后，窦滔又诏拜安南将军，留镇襄阳。临行时，他邀若兰同往，若兰看着车中阳台的脸，决绝地扭过头去。

从此，他当真绝之音问，心如玄铁。

那一年，若兰二十有一。

有时候，她望着镜子里不再娇艳的脸，会想起当年莲塘边的初相遇，他那温柔的双眸，亦会暗自思忖，为何才过了五年的时间，她的婚姻就似走到了末路？

到底她是输给了新人的美貌，还是输给了爱情的浅薄？

一路上，她一退再退，一忍再忍，终至悬崖，本以为可以换来郎心如雪，花明柳暗，却忘了明珠亦有蒙尘之时，他从来不问是错，她一直不说又是不是错？

终究是赢了姿态，输了人心。

然而世间万物，唯有爱情不可论输赢。

如是，若兰收起眼泪和余恨，日夜织锦，以梭为笔，以线为墨，将五年时间里与他的相遇、恩爱、嫌隙、疏离、诀别……八百四十字绣成回文，纳于锦帕中。其五彩相间，莹心耀目，长宽八寸，反复纵横皆为文章，读之情意充沛，又暗藏玄机，如天上星斗排列，错落有致而玄妙无比，知者字字句句动人心魄，不知者则茫然无措不知何云。

“徘徊宛转，自为语言，非我佳人，莫之能解。”

若兰将那一幅锦绣诗章取名为“璇玑图”，又令人快马加鞭送至丈夫身边。

千里之外，见字如面。

他打开锦缎，挑灯夜读，得诗数百首，往事历历，深情如诉，尽在婉转诗句中。

记忆像一记生疼的耳光，将他打醒了。

他不禁悔恨交加，泪如雨下。遂星夜备车，接若兰回襄阳，从此恩爱偕老，传为佳话。

从此，世间亦有了“锦书”一词。

我独坐一叶兰舟，在湖边仰面相望，暮色如轻纱敷在脸上，一轮满月挂在城楼檐角，银色的清辉照耀着船上人的罗裳，寂静的影子泻在湖面，显得愈发清瘦无依，仿佛遇风则化。

城楼下，流水载着凋零的莲瓣，潺潺而去，一如心间相思声，一路向晚，渐行渐远。

莲台不可期，兰因不可悟，深情不可已。

云中可有人，为我寄锦书？

红藕香残玉簟秋　轻解罗裳，独上兰舟

云中谁寄锦书来，雁字回时，月满西楼。
花自飘零水自流。一种相思，两处闲愁。
此情无计可消除，才下眉头，却上心头。

——《一剪梅》

是夜归家，听着漱玉泉的珠玉之声，我在随身携带的丝帕上填下了这一阕《一剪梅》。

这一方丝帕，乃昔日德甫在大相国寺桐树下相赠，里面曾小心翼翼地包裹着一枚遗落的落梅花钿，那也是我们一诺磐石，因缘三生的信物。

奈何命运翻手为云，覆手为雨。

我便只能与你相隔千里，一种相思，两处闲愁，日日夜夜，以字为舟，渡相思之河。

但愿千里之外，见字如面。

但愿收信的人还记得，这一方丝帕承载的诺言与约定。

但愿题词之人的一腔相思与爱意，可化作温柔清风，为我亲吻你的掌心。

德甫，世间男子万千，我却独爱你一人。

我本可以忍受孤独，如果我们不曾遇见过。

九

明水无所有，聊赠一枝春

崇宁三年（公元1104年）春，我在明水老宅等待远方的书信。

日子过得寂寞而苦涩，仿佛日升月落尽可忽略，唯余窗外一个又一个黄昏，冗长，温吞，渐渐黯淡的光线织成一张密不透风的大网，一点点地窒息心神。

我沉默地点亮灯盏，只做自己的剪烛人，然后听着夜雨，泪雨霖铃，空阶到天明。

回忆是糖，清甜而忧伤。

在黄昏席卷思绪的时候，我总会一遍一遍拽住岁月的衣袖，重温曾经那样的情景——

东京城的天空，晚霞涌动，窗外的飞檐被镀上一层温软的光泽，如被潮水裹住的螺号，又似飞鸟遗落的翅膀……屋内晓月投帘，夜色澄澈，沉香袅袅，鸳帐半垂，德甫自太学归来，从身后拥我入怀，光洁的脸颊轻轻擦过我的云鬓。

恩好无尽。

彼时的生活，亦一如情话，甘醇，酽酽。

“我此生见过那么多的风花雪月，却最爱这一刻，你眼中的粼粼波光，月落星沉。”

“月落星沉，不及美人春睡。娘子，且看绿云倾，金枕腻，画屏深。”

而如今的生活，没有星月同辉的静湖，也并非波涛汹涌的河流，我站在黄昏深处一眼望去，能感受到的，只有一个孤独的日渐干涸的池塘，水面浮满青苔，落花慢慢凋去。

这个春天，伶儿依旧会在每天的清晨时分折回一枝梅花，放在我的床头。

偶尔，耳边掠过几句黄莺似的叮咛。

“姐姐，你又伤怀了。”

“姐姐，落雪了，今日莫忘添衣。”

“姐姐，今年的梅花，开得这般惹人怜爱。”

……

我不说话，我的心无法为我的情绪圆谎。

梅花或绽放，或含苞，皆散发出疏离的冷香，幽幽骨韵间，蕴藏无尽心事，吹弹可破。

“伶儿，知否，知否，过尽飞鸿皆不是，斜晖脉脉水悠悠。”

那一日清晨，伶儿从驿馆为我取得书信，一路小跑回来，眼睛里闪耀着小小的火苗，手中的花枝在清寒的空气中晃动，花瓣濯濯，清露未晞。

展开信笺，我的心尖一瓣一瓣绽放。

除了伶儿，或许没有人知道，等他的时候，我也会心生情怨，想他的时候，我也会心生熬煎，然而只要一收到他的信，哪怕是点滴问询，只字片语，我的内心便会立刻春花烂漫，万里柔情。

德甫在信上告诉我，他已经画了一百八十一张梅花，每一朵梅花都在与他一起祈盼，云开月明，娘子归来。

我看着信上的日期，离我回明水的日子，正好是一百八十一天。

天然标格，是小萼堆红，芳姿凝白。淡泞新妆，浅点寿阳宫额。
东君想留厚意，倩年年、与传消息。昨日前村雪里，有一枝先折。
念故人何处水云隔。纵驿使相逢，难寄春色。
试问丹青手，是怎生描得？晓来一番雨过，更那堪、数声羌笛。
归来和羹未晚，劝行人休摘。

——《孤雁》

折花逢驿使，寄与陇头人。

明水无所有，聊赠一枝春。

我在纸上填下一阕《孤鸾》，又在信封中放入几枚梅花花瓣，且当春色，寄于云水之隔的夫君。

纵繁花易逝，光阴如梭，山岳迢迢，沧海之遥，德甫，只要你说，我就信。

信君皎皎明如月，信君不负相思意。

我还记得，德甫为我妆点落梅花钿，让我在他膝上做了一个寿阳公主的美梦。

昔时寿阳公主小憩梅花树下，人面如玉，云鬓低垂，连梅花也惊为天人，便舍身依附于眉心，三日不去，遂成天然梅花妆。

自此之后，便有花钿之美，流传千年。

他说，想画我的美，却是爱意难描。然而昔有张敞为妻子画眉，今有赵明诚为李清照贴花钿，一点也不输古人风流。

我望着他的眼睛，但愿此生有福分，可以日夜在你眉心，写诗填词。

春去秋来，七夕又至。

是夜，明月桐影下，虫鸣稚拙的弹唱荡起一地绵绵秋意，如细微的涟漪，一圈一圈，濡湿裙边与耳郭。

我在庭院里与伶儿对月小酌，忆及昔日东京往事，佳节璀错，柳陌花衢，灯影摇红，哪似如今孤灯千里，梧桐冷清，不禁心绪波澜乍起，只觉天上人间，尽是愁浓。

还记得伶儿曾在七夕的汴河边问我，如果可以选择，是愿做天上织女，还是想做人间女儿。

我说我只想做人间普通的女子，因为云霄宫阙虽无欲无求，亦无爱无情，只有这乱糟糟的红尘俗世，才能笑纳我的痴爱情肠。

于是我只身入世，又被世所逐，我身如孤舟，亦心如瀚海。云阶月地，关锁千重，我愿意载沉载浮，波澜不惊，也愿意将这绵绵不绝的离情别恨，打碎了，嚼烂了，吞咽了，与眼泪和烈酒一起，倒流入心。

泛泛杨舟，载沉载浮。

既见君子，我心则休。

远处依稀有人乞巧，她们参拜天上的织女，也祈求海上的神仙，香烛的气息随风飘进庭院来。我看着那一缕缕的青烟承载着人间的愿望升上夜空，在空气中扭动，慢慢变得丰腴，变得稀薄，最后消融在夜色里，而耳边滴漏渐起，与唧唧虫鸣四处合拢，覆盖住远处的人声，时间也兀自清瘦下去。

年年今夜，月华如练，长是人千里。

月上中天时，我依然了无睡意。

范仲淹的《御街行》写得尤是深入我心，“残灯明灭枕头欹，谙尽孤眠滋味。”

辗转反侧间，想起儿时曾听祖父谈起关于浮槎的种种传说。

一说天河与海相通，但凡长居在海边的人，年年秋天都能看到浮槎去来，从不失期。后有人带了干粮登槎而去，不觉间，竟从海上游历至银河中，举目皆星月日辰，茫茫忽忽，不知昼夜。十余日后，那人至一处歇息，又见城郭庄严，宫阙华美，遥遥相望，许多女子在河边浣云织彩，另有一男子牵牛徘徊于天河对岸，正期待着经年之约……

二说尧帝登位第三十年，西海海面上出现了一艘巨大的浮槎，每天夜幕降临时，槎上即会散发出乍大乍小的光芒，如在星月之间游走一般。该槎常浮绕四海，十二年环天地一周，往复无尽，名曰“贯月”，亦谓“挂星”。相传槎上还出现过仙人的踪迹，仙人们含露以漱，日月之光则昏昏如瞑……

三说唐代麟德殿中曾置有一条汉代留下的浮槎，槎长五十余尺，叩击槎身声如铜铁，历经数百年依然坚而不蠹。到了唐武宗时期，丞相李德裕从槎身截下一尺余长的细枝，雕刻成道像，道像竟能飞去复来，一直到唐僖宗广明年间，道像忽而失踪，浮槎也随之飞去……

草际鸣蛩，惊落梧桐，正人间、天上愁浓。云阶月地，关锁千重。纵浮槎来，浮槎去，不相逢。星桥鹊驾，经年才见，想离情、别

恨难穷

牵牛织女，莫是离中。甚霎儿晴，霎儿雨，霎儿风。

——《行香子·七夕》

夜深沉，寒声碎，风入梧桐，落叶纷纷。

天河的影子落在杯盏里，被我一饮而尽。

愿天无霜雪，梧子结千年。

到底是，意难平。

可恨那天上的牵牛织女，尚有星桥，鹊驾，浮槎可供经年相见，我与德甫，相隔不过千里，却不知何年何月才能重逢。

然而世间真有浮槎又如何？

“元祐党人碑”依然屹立于世，东京依然比天河更遥远。

水纹珍簟思悠悠，千里佳期一夕休。

人生最难不是相遇浮槎，身历仙境，而是良缘美满，求仁得仁。

十

帘卷西风，人比黄花瘦

崇宁四年（公元 1105 年），佳节又重阳。

重阳日，源于曹丕与钟繇的一封书简，他曾在重九那天赠菊钟繇，祝他长寿安康，“岁往月来，忽复九月九日。九为阳数，而日月并应，俗嘉其名，以为宜于长久，故以享宴高会。”

《礼记·祭法》则记载：“山林川谷丘陵，能出云，为风雨，见怪物，皆曰神。”所以，我们的先民历来便有敬畏山林之尚，他们借山而居，狩山而食，以山为宗，亦笃信重九登山可免除灾祸，祈得福瑞。

登高归来，我在庭院里小憩，空气里满是菊花酒的香气，园子里菊花开得正绚丽，有重重叠叠的暗香萦怀，远处青峦云雾迷离，山影倒映在眉睫之上，恍惚间，又忆起儿时旧事，宛如逆水行舟，打捞时间之河波澜深处的细微金沙。

那时也是这般佳节，秋风清寒，云天高远，我和迥哥哥提着竹篮去园子里采摘菊花，给祖父酿制菊花酒。

灿灿菊英下，迥哥哥与我分食一枚菊花糕，糖霜簌簌落在地里，然后看着虫蚁在地里忙碌口粮，不觉间，祖父已经站在我们身后。

祖父引陶渊明为隔世知己，一生尤爱菊花，他早年间在异地为官，每次归家，皆会带回诸多菊种，植入园中悉心培育，数年便收得满院秋色，或观赏，或酿酒，或曝干煎水饮之，年年如此，悠然无穷。

祖父笑意温和，慈眉善目，指着园中累累花朵，一一教我们辨认。

“小银台”出自京师，貌高雅，性芳烈，内蕊金黄，外瓣纯白，香气馥郁，与龙脑相似，故又名“龙脑”。

“桃花”颜容如绯，月初即放，如木中之梅，善报花消息。

“秋万铃”出自鄜州，浅紫千瓣，长如雀舌，香气扑鼻。

“金万铃”，深黄千瓣，以金为质，是为正色，姿态雍容，如宫闱贵妇。

“御爱”，京师名花，一名笑靥，一名喜容，有淡黄、纯白二色，瓣有双纹，内外鳞次，花冠硕大……

“甘菊”则生于雍州川泽，深黄单瓣，气息清雅，最宜酿酒。

“菊花舒时，并采茎叶，杂黍为酿之，至来年九月九日始熟，就饮焉，故谓之菊花酒。”

陶渊明曾说，“酒能祛百病，菊解制颓龄”，每年重九，祖父都要与家人围坐饮啖，在一坛经年的菊花酒里，追思那岁月久远的风骨与冰心。

人生不满百，常怀千岁忧。彼时祖父正是陶公作《九日闲居》的年岁，与陶公一样，他也是隐居故里，绝意官场，也是在肉身的乐天安命中，感时伤世，心忧天下。若非如此，他便不会让儿子踏入仕途，忠君报国，延续文脉。

只是祖父不知道，他的儿子在多年以后竟会步其后尘，同样先仕后隐。满腹凌云志又如何，朝廷奸佞当道，亦只能徒生两鬓霜。

倒不如，绿竹茅舍，皓月书窗，一片冰心问杯盏，笑看东篱菊蕊黄。

所以，陶公如此，祖父如此，父亲亦如此。

人生若不能求仁得仁，退一步总有退一步的活法。

然而父亲尚有母亲相伴，而我一个人看黄花，把酒黄昏后，西风无消息，未免太过寒凉。

是日，我又填下一阕《醉花阴》，寄给德甫，愿君加餐食，愿君长相忆。

薄雾浓云愁永昼，瑞脑销金兽。佳节又重阳，玉枕纱厨，半夜凉初透。

东篱把酒黄昏后，有暗香盈袖。莫道不销魂，帘卷西风，人比黄

花瘦

——《醉花阴·重阳》

待黄花落尽时，我终于收到德甫的书信。

德甫告诉我，我家舅赵挺之已数次上奏，恳请皇上解禁元祐党人，而皇上亦有心大赦天下，我们夫妻团圆，将指日可待！

他还告诉我，我的那一阕《醉花阴》，让他击节叹赏之余，又自愧弗如，于是闭门苦思三日夜，终得和词五十阙，另将《醉花阴·重阳》杂入其中，一并呈给友人品鉴。然而友人赏玩再三，称“唯有三句绝佳”，一问，对方徐徐答之：“莫道不销魂，帘卷西风，人比黄花瘦。”

他说：“娘子才情百世无匹，德甫喜之，佩之，愧之。”

我回：“若不能与德甫长相厮守，清照才情便百无一用。”

积石如玉，列松如翠。

郎艳独绝，世无其二。

德甫，你为何不明白，我的才情毕世不得又如何？在我眼里，世间还有什么比你更好。

于是，我等他来接我。

佛经里说，刹那者为一念，二十念为一瞬，二十瞬为一弹指，二十弹指为一罗预，二十罗预为一须臾，三十须臾为一日一夜。

我便一日一夜地等，一刹一瞬地盼。

我从黄花落尽，等到风雪夜归，从江梅早放，盼到梨花未眠。

然而我写瘦笔墨，理断瑶琴，依旧是一春鱼鸟无消息。

枝上流莺和泪闻，新啼痕间旧啼痕。

一春鱼雁无消息，千里关山劳梦魂。

无一语，对芳樽，安排肠断到黄昏。

甫能炙得灯儿了，雨打梨花深闭门。

——《鹧鸪天》

小阁藏春，闲窗锁昼，画堂无限深幽。篆香烧尽，日影下帘钩。

手种江梅渐好，又何必、临水登楼。无人到，寂寥浑似，何逊在扬州。

从来知韵胜，难堪雨藉，不耐风揉。更谁家横笛，吹动浓愁。

莫恨香消雪减，须信道、扫迹情留。难言处，良宵淡月，疏影尚风流。

——《满庭芳·残梅》

崇宁五年（公元 1106 年）二月，春色幽深。

各色花影落在窗格之上，像绵绵细雨，静谧温柔。山峦依旧，白云飞絮，花枝上流莺啼啭，清脆如绣花针，刺破隐秘心底事，流泻一地皓白月光。

梨花嫣然，梅花怒放之时，我终究是等来了赵家的车驾。

我曾想象过无数种与德甫久别重逢的场景，怎成想，他的一声“娘子”，竟令我如寐如梦，数度哽咽。

故人江海别，几度隔山川。

乍见翻疑梦，相悲各问年。

我欲语泪先流：“谢夫君救我出深渊。”

德甫将我揽入怀中，用丝帕为我轻轻拭泪：“德甫愧不敢当，娘子，要谢就谢天意。”

是年正月初五，东京城中突然出现异常天象，彗星当空，贯穿西方七宿，一声天雷又将文德殿东墙的元祐石碑击裂为二。

朝堂之上，莫不惊惶。

皇上日夜祈祷，臣子议论纷纷，皆以为是大灾之召。

更有民间术士称，苏东坡先生的英灵已经成为了天宫信任的文相，若元祐党人碑不毁，奸佞之臣不除，我大宋王朝定遭受上天谴责，灾祸连连。

如此，舅赵挺之便趁热打铁，联合朝中大臣向皇上请奏大赦天下，解除元祐党人一切之禁，以昭示君王仁德，祈求上天宽恕，联名弹劾蔡京七宗罪：一目无朝纲，二目欺瞒君王，三结党营私，四陷害忠良，五大兴土木，六卖官鬻爵，七败国害民……

迫于天意与民心，皇上只能暂时废黜蔡京宰相之职，但凡蔡京所为之事亦全部罢除。同时下昭以告天下："应元佑及元符末系籍人等，迁谪累年，已定惩戒，可复仕籍，许其自新。朝堂石刻已令除毁，如外处有奸党石刻，亦令除毁。今后更不许以前事弹纠。常令御史台觉察，违者劾奏。"

天子诏令一出，彗星消失不见，东京臣民人人称快。

而父亲也辞去了官职，从南蛮之地回归明水故里，从此再不过问朝堂之事。

采菊东篱下，悠然见南山。

山气日夕佳，飞鸟相与还。

或许，这不是一个清流士子最佳的前程，却是一个真意文人最好的归宿。

春到长门春草青。江梅些子破，未开匀。
碧云笼碾玉成尘。留晓梦，惊破一瓯春。
花影压重门，疏帘铺淡月，好黄昏。
二年三度负东君。归来也，著意过今春。

——《小重山》

时隔三年，我又回到东京。

车驾经过南城楼时，我看到那几株古老的江梅还在盛开，春意盈满枝头，绯色霞光下，一如晓梦万朵。

汴河之中，兰舟引渡，宛若星子落入银河。

真是大好的岁月啊。

愿我如星君如月，夜夜流光相皎洁，我倚在德甫身边，忽然想流泪。

车轮一路滚滚向前，马蹄渐次隐入灯火，月光落在我的手心，而我两手空空，一无所失，一无所惧。

那一刻，我不知道属于我的这一卷佶屈聱牙的命运将如何讲解，也不知道命运之轮将带我去往何处，我只知道，皎皎白驹，在彼空谷，偌大的东京城，从此便只有一个人，是我的七寸。

第三幕

归去来兮，赌书泼茶

十一

小楼风雨恨潇潇

崇宁五年（公元 1106 年）八月初六日，我舅赵挺之的寿辰。

是日东京府司巷内箫鼓喧天，楼阁结彩，赵府上下皆易新衣待迎宾客，寿宴之上，簪笏盈庭，斛筹交错，迤逦热闹好比年节。

更有皇上亲赐厚礼，以一方来自东南的太湖石为爱卿寿，以昭隆恩。那方湖石生得也是玲珑清奇。

时人谓之，赵府荣宠，烈火烹油。

却不知有俗语，木秀于林，风必摧之。

是夜，宾客散尽，空气中却依稀回荡着鞭炮与斛筹的余音。

舅在月下借酒长吁："避贤初罢相，乐圣且衔杯。为问门前客，今朝几个来？"

一丝阴翳蓦地拂过我的心头。

我知道，舅已数次以身体不济为由向皇上请求罢相，希望辞官回归青州故乡，远离朝堂的争名夺利与倾轧排挤，从此做个清淡闲人，安享余生。

然而皇上皆未恩准。

尽管在长期的蔡赵之争中，这一次得天象之助赵家暂时赢得一局，但是舅深知伴君如伴虎的道理，宰相之位，高处不胜寒，稍有不慎，今日的无限风光，万人敬仰，就极有可能变成明天的穷途末路，人人唾弃。

而且，蔡京势力依然根基深固，又深得皇上信任，待他日天象之说慢慢散去，势必会卷土重来，凶狠报复。

可不是么，蔡京曾经仅因与其弟蔡卞政见不同，就处处加以谋害，对待自己的亲弟弟况且睚眦必报，狠心绝情，若他日复相得势，又怎会轻易放过昔日政敌？赵氏一门想必凶险重重。

这些年来，联想前前后后发生的诸多事件，世人皆称赵挺之与蔡京夺权，而我却更信舅是为社稷争利。

他算不上是一个温情慈爱的长者，但在我心里，他已经算得上是一位体恤百姓的好官。

身在朝堂，能不与豺狼为伍，独善其身已属不易，若想与豺狼争斗，福泽天下又何其艰难。

念及当时送走宾客之后，舅便令人将皇上御赐的太湖石用布遮挡了起来，并言“望之心痛”。

我亦忧心忡忡。

“洞庭山下湖波碧，波中万古生幽石。铁索千寻取得来，奇形怪状谁能识。”

大宋东南盛产湖石，其中又以苏州洞庭山下太湖水石为最。水石生于太湖之底，身价颇高，品相兼具“瘦、皱、漏、透”，有大者如巍峨灵山，如飞鸟走兽，可立于园林庭院观赏，有小者如古玉美器，如真官神人，可置于案头桌面清供。且逢丽日晴天，石上便会结满露珠，似拂岚扑黛，若遇风雨如晦，石洞即可吞纳乌云，激发雷电……正所谓，三山五岳，百洞千壑，尽在其中，百仞一拳，千里一瞬，坐而得之，故得皇上钟爱。

皇上不仅钟爱太湖石，对东南的奇花异草也很是喜爱。

于是便有投其所好者，千方百计为宫廷搜刮东南花石，用民脂民膏，中饱私囊，为自己的前程铺路。

崇宁四年，朝廷在苏州设应奉局，并成立“花石纲”，由蔡京心腹全权处理，从太湖到东京，水路延绵两千里，造大船，征徭役，每十艘为一纲，四季络绎，专门为满足一人之癖运送奇花异石，进贡者皆加官进爵，炙手可热，而东南百姓，士庶之家，有一石一木稍堪玩者，即遭黄封，被指为御前之物。

更有甚者，可怜君不见，太湖碧波下，汴河骇浪中，有多少白骨成枯，又有多少人船俱没……

皇上虽迫于天象之召废黜了蔡京的宰相之职，但运往宫墙之内的花石纲却从未停止运送。舅忧心天下，曾多次向皇上请奏，要求停运花石纲，救百姓于绵绵苦难，然而除了惹得龙颜大怒之外，竟无半点成效。

哀莫大于心死，舅遂生罢相之意。

舅亦明白，皇上没有恩准他辞官，并不是因为不舍，而是因为在等一个合适的契机，等另一个人的归来。

就连寿宴之上，皇上御赐湖石，亦不过是无声警示。

就像湖石之上篆刻的瘦金体御书，“鹤瘦松青”四字，笔锋如兰竹，逸趣蔼然，亦如刀戟，屈铁断金，而赵氏一门的命运，翻手为云，覆手为雨，亦全凭那朝堂之上的天下第一人。

小楼寒，夜长帘幕低垂。恨萧萧、无情风雨，夜来揉损琼肌。

也不似、贵妃醉脸，也不似、孙寿愁眉。

韩令偷香，徐娘傅粉，莫将比拟未新奇。

细看取、屈平陶令，风韵正相宜。

微风起，清芬酝藉，不减酴醿。

渐秋阑、雪清玉瘦，向人无限依依。

似愁凝、汉皋解佩，似泪洒、纨扇题诗。

朗月清风，浓烟暗雨，天教憔悴度芳姿。

纵爱惜、不知从此，留得几多时？

人情好，何须更忆，泽畔东篱。

——《多丽·咏白菊》

舅寿宴过后，又近九月重阳。

是时东京城中处处皆花筵斋会，河边酒楼以各色菊花扎成门洞，亭台楼阁，簪花宴聚，诸禅寺亦各有僧人坐于狮像之上，讲法论经，信众如织，满城生香。

是夜，更深人静，风雨潇潇，清寒的小楼里，帘幕低垂，烛光寂寂。我站在窗边为案头的白菊填词，心底展开一卷古远的旧事，一典一故，如水墨在里晕开，一字一句，如闺阁里细细密密的针脚。

我写“贵妃醉脸”。

唐人李正封以诗咏牡丹，云：“天香夜染衣，国色朝酣酒。丹景春醉容，明月问归期。”玄宗以牡丹咏杨贵妃，曰：“妆镜台前，宜饮以一紫金盏酒，则正封之诗见矣。”回眸一笑百媚生，六宫粉黛无颜色。也难怪明月沉醉，数百年不知归期。

我写“孙寿愁眉”。

孙寿是东汉权臣梁冀之妻，相貌美艳，最善媚惑人心，喜作“愁眉”，“啼妆”，“坠马髻”，“折腰步”，“龋齿笑”，将自己装扮得娇羞无力，楚楚可怜，实则却是天性善妒，心狠手辣，杀人如麻。

我写“韩令偷香”。

韩令，晋人韩寿是也，据传姿貌美好，容止亲善，与宰相贾充之女互通心曲，每夜逾墙密会，不久即被贾充发现，只因身染异香，香气经月不散，正是皇帝御赐贾府的西域奇香。而贾充亦被两人情意所动，遂将其女许配于韩寿，自此成就一段佳话。

我写“徐娘傅粉”。

徐娘乃梁元帝的妃子徐昭佩，她姿容美丽，饱读诗书，生性高傲，却依然无法摆脱被选入宫，与相爱之人分离的命运。因此，她非常厌恶元帝，为了报复深宫幽闭之恨，每次元帝令她侍寝，她都会傅薄粉，点绛唇，“精心”描绘半面之妆，以讽刺元帝独眼之貌。

我写“汉皋解佩”。

汉水之滨有汉皋台，亦有八百里浩渺烟波。烟波之湄，时有二女出游，空灵独绝，宛在水中央。郑国大夫交甫将往楚地，行至汉皋台下，正逢二女在水湄游玩，不禁心生恋慕。交甫见二女腰间佩有白玉明珠，便向前求佩，慰其倾慕之心。二女相视一笑，遂解佩相赠。交甫欣然辞别，怎知数十步后，怀中玉佩蓦然消失，回首相看，二女亦踪影难觅，方知是得遇了江妃二女，娥皇与女英。“南有乔木，不可休思。汉有游女，不可求思……”曲终人不见，江上数峰青。

我写“纨扇提诗”。

班婕妤，西汉才女，善诗赋，有美德，初得汉成帝宠爱，后被赵飞燕排挤陷害而渐失荣宠。为了保命，班婕妤只能请居深宫，青灯素衣，黯然余生。纵然她空有一腔才情，亦只能托付笔墨，常在诗中自比纨扇："新裂齐纨素，皎洁如霜雪。裁为合欢扇，团团似明月。出入君怀袖，动摇微风发。常恐秋节至，凉风夺炎热。弃捐箧笥中，恩情中道绝。"

然而费尽笔墨皆不是，"贵妃醉脸"太过雍容，"孙寿愁眉"太过虚伪，"韩令偷香"太过风流，"徐娘傅粉"太过幽怨，"汉皋解佩"太过缥缈，"纨扇题诗"太过悲切……身边白菊依依，依然新奇难写，风韵难描。

它是伶儿专程为我买的"木香"，白瓣而檀心，自是我心头的幽人佳色，雪清玉瘦，清芬酝藉，于萧瑟秋风中不减琼肌，如屈子泽畔冰，"朝饮木兰之坠露兮，夕餐秋菊之落英"，如陶公东篱月，"秋菊有佳色，裛露掇其英"，芳姿天赐，不改素心。

德甫则忙于在公事之余收集金石，因舅依然在朝堂为相，赵家亲旧亦或在馆阁当差，多有亡诗、逸史、鲁壁、汲冢所未见之书，他自当尽力传写，又觉日沉夜浸之间，自是其妙无言，其乐无穷。

灯盏之下，我瞥见他的侧脸，眉目熠熠，鬓角耳际呈现出赤子般干净的光泽。

可叹白菊一片冰心可笑傲霜雪，亦难敌风雨不测，人心无情。

奈何他温软馨香之心，无沟无壑，无波无澜，又怎知眼前这看似安然无虞的光阴，已是明日黄花，安能留得几多时。

十二

寂寞梨花，满地飘雪

大观元年（1107 年）正月末，即皇上下令改元后不久，蔡京一党见时机已经成熟，便联合朝中党羽一齐举荐蔡京，并旁敲侧击，提醒皇上勿忘“绍述”，而“欲继志述事，非用蔡京不可”……

皇上自然顺水推舟，继而以大赦天下的幌子为蔡京复相之路堵攸攸之口，又借南丹纳土之机，将蔡京转为太尉，进而授八宝，拜太师，一时恩宠无加。

朝堂之上，风云再起，有人春风得意，有人一夜白头。

蔡京当政后，朝廷在是年二月诏令天下重施“方田法”，以东西南北各千步为一方，根据土质肥瘠分等定税，引得百姓怨声载道。

想那昔日王安石主持变法，虽是一场以牺牲小民来强大国家的悲剧，但初衷却也是为了忠君报国，可叹他当时又如何想得到，数十年后，他苦心推崇的新政，会被另一个人当作固权争宠的幌子，排挤异己的托辞，满足私欲的利器。

不久，朝廷下令，盐钞法亦全部更改，凡旧盐钞皆不可用，又导致江淮一带许多富商大贾在一夜之间数十万缗尽化乌有，他们或沦为流丐，或投河而亡，或上缢自杀……

然而宫门重重，雅好风流的皇帝怎能听得到百姓的哭声。他正忙着朱笔御批，调拨“花石纲”的费用，忙着铸九鼎，建明堂，修方泽，立道观，忙着御书“大观通宝”——新币之上，他的书法铁画银钩，飘逸洒然，已然炉火纯青，独绝天下，对着最爱的宠臣，他终于露出了满意的微笑。

朱门酒肉臭，路有冻死骨。

荣枯咫尺异，惆怅难再述。

三月二十七日，风雨如晦，梨花满阶，舅粒米未进已三日。

他将自己关在房中撰写弹劾蔡京的奏折，直至东方既白，终是一口鲜血喷在案几之上，油尽灯枯，饮恨而逝。

舅过世，皇上车驾临幸，翁姑携赵家儿女一步一哭拜，请求皇上恩准三件事。

其一，请求赵家老小护丧回青州故乡，为赵丞相守制三年。

其二，请求守孝期满之后，赵家子弟存诚，思诚，明诚继续为朝廷效力。

其三，请求在赵丞相谥号中带一“正”字，以纪念他为朝廷呕心沥血，守一而止的一生。

其一其二，皇上皆许可。惟独赐谥一事，曰“待理会”——朝中众所周知，所谓“待理会”，即“不许之词”，遂下诏赠官司徒，为赵丞相赐谥号“清宪”。

如此，往者已矣，我们本以为在皇上亲口恩准的庇护下，可以平安回归乡里，却不成想，还是没能躲得过阴险之人的算计与迫害。

蔡京马上采取了行动。

舅曾经的担忧，真的应验了。

三日之后，舅尸骨未寒，蔡京就下令在青州置狱，严刑审讯赵家的乡邻与亲戚，终是换得一纸“赵挺之贪赃徇私于青州买卖田产并私自放债”的密供，让皇上下诏追回赵丞相生前所有官职，最后仅保留“特进”，一个在三公之下的散官官名。

随后，开封府又以“其父私下庇护元祐奸党”之罪将赵家子嗣全部押解入狱。

“父兮生我，无父何怙，欲报之德，昊天罔极……”德甫扶棺恸哭，遂被强行押走。

翁姑以秦国大夫人之名屡次请求面圣而不达，终是悲从中来，昏厥在地。

“欲加之罪，何患无辞，想我赵家一门清誉正气，岂能尽断佞臣贼子之手！”我搀扶着翁姑，悲愤交集。

是时，赵府厅堂之外，大风起兮，云翳蔽日，天色如晦。

若上天有知，真当要下一场大雪！

于是，在接下来的日子里，赵家女眷数次变卖家产，为蒙冤入狱的男儿们疏通打点。

舅生前两袖清风，赵家历来余钱无多，我亦拿出了所有的首饰与嫁妆，能典当则典当。惟有与德甫一起搜集的金石，我不肯变卖，我知道，那些都是德甫的命，我自会为他相护周全，至死方休。

然而奔走之路何其艰难，为求赵家平安渡劫，可谓一朝看尽人世冷暖。

彼时舅得势，寿宴上宾客如云，如今赵府落难，却唯恐避之不及，甚至还有落井下石者，为讨好蔡京，不惜颠倒黑白，作虚假证词。

可怜我赵府儿媳，想要向狱中夫君捎去几件避寒衣物都难如登天！

帝里春晚，重门深院，草绿阶前，暮天雁断。

这个春天，梨花落了几重，皎月几次盈缺，我已无心看风景，惟余绵绵怅恨，不可长决。

家书难托，音容难晤，我与德甫分明近在咫尺，却如同远隔天涯。

光阴滑过指间，一天一天地流逝，令多少心无挂碍者浑然不觉。

唯有那苦苦等待的人，才会过得如熬如煎，度日如年。

帝里春晚，重门深院。草绿阶前，暮天雁断。

楼上远信谁传？恨绵绵。

多情自是多沾惹。难拚舍，又是寒食也。

秋千巷陌，人静皎月初斜，浸梨花。

——《怨王孙·春暮》

小院闲窗春色深，重帘未卷影沈沈。倚楼无语理瑶琴。

远岫出山催薄暮，细风吹雨弄轻阴。梨花欲谢恐难禁。

——《浣溪沙·春景》

又是寒食节，日影飞去，寂寞梨花，满地飘雪。

我独坐小院，怅看细风吹雨，薄暮席卷。倚楼无语理瑶琴，琴音铮铮，尽是裂帛之声。

夜色沉沉落在我的眉梢，我蘸着月光为狱中人写词，指尖凉透，心如荒原，窗外的春意与远山一般幽深，我心里的雪，却是落了一场又一场。

若你受苦，我必日夜难安。

若你受辱，我必痛入骨髓。

是年七月中旬，赵家终于等来一纸赦令，德甫与兄长们皆平安归来。

我望着眼前人，肝肠寸寸折断。

长达数月的非人折磨，竟让一位玉树临风的翩翩佳公子，变得形销骨立，满目憔悴。其间有多少次命悬一线，生死未卜，就有多少次心痛如锥，望穿秋水。

站在门前，我们相拥而泣，一如劫后余生。

是夜，暮霭温柔地打湿了天空，又将夜幕从花青一点点地晕染成肽蓝，再涂抹成淡墨色。

最后，一轮圆月照亮夜空，将天地铺展成一个绵长甘冽的梦境。

我放水为德甫洗梳，指肚一点点地触及他的脸颊，心底亦洇开一池怜爱。

却生怕一松手，眼前风月又成一梦南柯。

“德甫，你受苦了。”我声声哽咽。

德甫拥我入怀，眼神安静而满足，仿佛藏着一片沉睡的海，浩瀚空明，不染烟尘，又永恒如佛心。

他说：“娘子，彼时在狱中受严刑逼供，若不是念及世间尚有你等着我，我又如何能活到今日，站在你的面前。”

七月底，我们举家迁往青州。

那一日，车驾绝尘而去，我回首十余年东京浮华，悲喜有时，甘苦有时，荣辱有时，虽怅然，亦无憾。

我曾在有竹堂内，习文弹琴，煮酒煎茶，心中长出一片郁郁葱葱的诗词天地。

我也曾在府司巷里，为一个人红袖添香，与一个人举案齐眉，花前月下，闲情书画，遍尝人间风月。

而如今，有竹堂空寂已久，府司巷亦被充公，皇城之下，尽成是非之地，处处薄凉，不宜牵绊，不宜久留。

罢了，罢了。

不如就此别过，后会无期。

十三

有一素心人，陪我数晨昏

青州是德甫的故乡。

海岱之间，东夷之地，因东方属木，木色为青，得名“青州”。

他生于斯，长于斯，故曰“屏居乡里”。

我出阁多年，历经数番变故，看遍人心变幻，于名义于内心，皆已将自己视作赵家人，而青州与齐州又相隔不远，令人尤感亲切。便只愿从此之后，光阴亦如布衣还乡，清风朗月，蔬食淡茶，有一素心人，陪我数晨昏，一点一点地将这人间滋味，写成诗，填入词。

赵家故居位于青州东阳城郊，那里风光秀美，犹如人间辋川，遥遥望去，但见飞瀑入河，繁花夹岸，青山逶迤，林鸟悠然。

故居前后则春有桃李成蹊，夏有桐荫满地，秋有黄花醉酒，冬有梅影盈窗，仰面芭蕉绿影，俯首野草青香。

两年前，舅就已令人将此故居修葺完善，只待辞官罢相，归去来兮。奈何天不遂人愿，人心比天意更叵测凶险，他刚正一生，却要在逝世之后蒙受不白冤屈。

于是，我便与翁姑提议，将我们的宅院命名“归来堂”，感念舅的归隐之心，愿魂兮归来，以瞻家邦，以哀故土。

而我也从陶渊明的《归去来兮辞》诗句“倚南窗以寄傲，审容膝之易安”中采撷“易安”一词，自号“易安居士”，表明朴素心志，与德甫此生甘老是吾乡。

在乡间，我们晴耕雨读，酿酒烹茶，琴画自娱，日子过得澹泊清美，可消人间万古伤心。

尽管生活简朴，精神富足，但我们从不敢丧失志向。

德甫自少小便有录尽天下古文奇字的理想，屏居青州之后，他正好可以经常外出讲学博古，其间数次拜谒泰山，仰天山，灵岩寺，拓取了大量的碑文，也收集了许多珍贵的古籍。

德甫每次将古籍带回来，我都会陪同他一起勘校，整集签题。若得的是书、画、彝、鼎一类，则小心翼翼地置于案几之上，或舒卷鉴赏，或摩挲把玩，细细指摘疵病，直至更深夜沉，灯烛燃尽，才会稍作休憩。

随着时间的推移，我们所收藏的古籍也越来越多，其纸札精致，字画完整，在诸收书家中可谓首屈一指。

不久后，我们便在归来堂中建起了一个书库，立大橱数个，以甲、乙、丙、丁排列，橱柜中再用木板隔开，里面可置甚多书册。如果需要讲读，就用钥匙开橱，在簿上登记好，然后取出登记过的书籍。

我们还立有一项小小的规矩，就是谁若将哪一册书籍损坏或弄脏了，务必要责令他把书页擦拭干净或涂改正确，以改掉从前对书籍的轻率之风。

有一次，我不慎将墨汁洒在一本书页上，那本书是德甫的珍爱之物，他虽未忍心苛责我，但我自己却是内心难安，许多天都不能释怀。

如此一来，为了避免自己"重蹈覆辙"，在德甫外出的日子里，我都尽量不吃荤菜，不裁华裳，不簪明珠翡翠，不置镀金刺绣之具，一点点地将日常开支节省下来，一旦遇到书史百家，只要字不残缺、版本不讹谬，就立马买下收藏起来，用以当作副本。

不过，我们家传的《周易》和《左传》原就有两个版本，文字最为完善。于是，我们将其或置于几案上，或枕于卧榻间，每读之一处，则意会心谋，目往神授，不亦快哉。

每次饭后空闲时，我和德甫就会坐在归来堂中烹茶读书，茶烟袅绕，满壁书香，阳光透过竹窗洒在几案上，如在时光中脉脉漾动的星辰，令人春风沉醉，微微恍惚，不知今夕何夕。

烹茶宜用活水，宅院后山正好有一脉清泉。经常是德甫去汲泉，我便在厅内炙茶，以桐木为薪，于火上三寸翻转烤炙，待茶饼表面有了气泡，则偏火五寸继续烘烤，如此反复方才水汽散尽，然后趁热裹好茶饼，储存温香。待茶饼完全冷却，即可细细捣碾，至茶末状如米尖，山泉也刚好沸若涌泉，是时从汤心投入茶末，水至三沸时，便可见釜中骇浪击岸，沫饽堆雪，分茶入杯盏，饮之隽永无穷。

我自恃记忆甚好，便指着堆积的史书，断言某一典故出自哪一书哪一卷，第几页第几行，然后与德甫以猜中与否来定胜负，猜中的人即可先饮茶一杯。而每次我们都是猜中的人忍不住举杯大笑，输了的人佯装愠怒，然后一不小心就会把茶水倾覆在怀中，反而一口都没有饮到。

这样的光景，真是太过美好，每次回忆起来，都觉得像是花枝上的晨露，清香干净，晶莹剔透，又像是茶盏里的沫饽，清冽甘甜，云烟延绵。

我还记得，大观二年（公元1108年）的早春，寒气料峭，草木凋敝，大地之下，萌动的春意正小心翼翼地推开一条河流的冰封之门。

那个春天，德甫尚未远游，有一天黄昏，我们在归来堂围炉煮酒，一杯又一杯，只觉远山苍茫，云水清寂，心亦与白鸥互换了盟约。

不知不觉间便已夜色凝重。

就着炉火，醺醺然，我们各自睡去，醒来时窗边竟有薄雪拂面，粒粒沁凉，呵气即化，不禁醉意全消，抬头遥望天穹，但见明月疏影，寒星耀眼，宛如漫天鱼鳞，吸附在夜幕之上。

我敛衣而坐，不知岁时变幻，只觉身边尽是人世的香气。

于是听着身边人轻微的鼻息，念及梦中所感所闻，遂以“易安居士”之名，提笔记下一首《晓梦》：

晓梦随疏钟，飘然跻云霞；因缘安期生，邂逅萼绿华。
秋风正无赖，吹尽玉井花；共看藕如船，同食枣如瓜。
翩翩垂发女，貌妍语亦佳；嘲辞斗诡辩，活火烹新茶。
虽乏上元术，游乐亦莫涯；人生以如此，何必归故家？
起来敛衣坐，掩身厌喧哗；心知不可见，念念犹咨嗟。

——《晓梦》

相传安期生原是琅琊阜乡人，于东海边采卖药材，时人皆言千岁翁。秦始皇东游时曾请见于他，与之共语三日三夜，探讨长生之法，又赐予金璧珠宝，令其到海外仙山采办不老神药。安期生为避祸端，不久便留下金璧珠宝驾鹤而去，自此隐于蓬莱，再不问人间事。

直至数百年后，才有人游历东海，曾亲见一骑鹿老翁，白发朱颜，食枣如瓜，自称秦人安期生。安期生在那个岛上酿酒制药，醺然间已不知朝代与年岁，每次作画，便以巨石为纸，美酒为墨，药草为笔，白日为灯，只见石上点点酒痕，顷刻之间便化作朵朵桃花，夭夭欲绽，清香四溢，来人不禁叹为观止，而待其俯身欣赏时，那作画之人早已遁入十里之外，只余云烟缥缈，桃花灼灼……

萼绿华则是上古传说中的仙子，年纪在二十上下，青衣曳地，姿容绝色，身绕杜兰香云，性情自由散漫，最喜欢在仙家大摆筵席之时不请自到。

我昔东海上，劳山餐紫霞。亲见安期公，食枣大如瓜。
中年谒汉主，不惬还归家。朱颜谢春晖，白发见生涯。
所期就金液，飞步登云车。愿随夫子天坛上，闲与仙人扫落花。
——李白《寄王屋山人孟大融》

在梦中，我竟也像李太白一样，得遇仙人仙境，与安期生、萼绿华同席而作，在秋风中相看玉井莲开，花高十丈，藕大如船。

只是李太白一生洒脱不羁，愿随夫人久居天坛，为仙人汲水烹茶，清扫落花，而我却半世情长，红尘入骨，割舍不下人间的牵挂。

“古有李太白梦游天姥，今有李易安梦遇秦仙，可谓异曲而同工也，娘子高妙。”

不知何时，德甫醒来，他拿起我的诗作，颔首赏读，面露微笑，目若朝霞，胜过最美的桃花。

“若无身边的岁月风雅，怎梦得见世外的疏钟晓梦。德甫，人生似幻化，终当归空无，但愿岁岁朝朝，尽如此刻，安然自在，伴君幽独。”

德甫亦常自谓葛天氏之民，在此衔觞赋诗，以乐其志，日就月将，淡然如仙。

又将我们比作是霸陵山隐居的梁鸿与孟光，男耕女织，诗琴自乐，举案齐眉，情意美满。

夫君之言，心有戚戚焉。

想那苏东坡先生昔日列举人生赏心乐事十六件，曾让年少之时的我神往不已：

其一，清溪浅水行舟；其二，微雨竹窗夜话；其三，暑至临溪濯足；其四，雨后登楼看山；其五，柳阴堤畔闲行；其六，花坞樽前微笑；其七，隔江山寺闻钟；其八，月下东邻吹箫；其九，晨兴半炷茗香；其十，午倦一方藤枕；十一，开瓮勿逢陶谢；十二，接客不着衣冠；十三，乞得名花盛开；十四，飞来家禽自语；十五，客至汲泉烹茶；十六，抚琴听者知音。

而如今青州，尽可一藉年少心驰。

无论是尘世间的荣华富贵，声色犬马，还是仙境里的琼楼玉宇，不老长生，皆不及这归来堂中的花好月圆，快意悠哉。

多年之后，我一个人，白发苍苍，指节枯萎，内心幽深如枯井长满青苔，所有的故事都生长成了舌根深处的秘密。

却时常还有初涉情爱的年轻人，拿着一本《漱玉集》来问我，爱情的模样是什么，一生中最难忘的记忆是什么。

我想，我一生中所有的爱情，都写在了诗词里，我已无可述说。

至于最难忘的记忆，除了东京的二十四桥明月，一定还有青州的晨昏与山水。

一定是的，若不是这一段千金不换的好时光，我又如何能熬过那日后的山河破碎，身世飘零。

而记忆是什么呢，是爱的余温，是心的铠甲，也是让一个人苟活于世的药啊。

十四

芝兰为寿，煮酒论词

缗城。

八月，荷花夹岸，莲子初成，青石小路上，远客的马蹄得得，溅起一地透明的晨光。不远处，绿竹清幽，杨柳依依，村落点点，炊烟如水袖翩然飞去，农人正用荷锄一锄一锄地刨问着土地。自此，白昼与长夜平分秋色。

是日，大观二年（公元 1108 年）秋分，我与德甫一路舟车，穿越淄州与莱州，终于抵达缗城乡野，去给隐居于此的晁补之叔叔祝寿。

坐在马车上，旧时光如清风穿过竹林，纷至沓来，簌簌有声。

第一次见到晁叔叔，是在父亲的有竹堂，他一袭白衫，面容清冷幽邃，神采风流闲澹，为人雅趣萧散，诗词文章皆温润典雅，凌丽奇卓，琴棋书画亦无一不精，出于天成，时人称之，“今代王摩诘”。

后听父亲说，晁叔叔是苏公的学生，与黄庭坚、秦观、张耒合称“苏门四学士”，又与张耒并称“晁张”，可谓文学大家，声名显赫。

晁叔叔是济州巨野人士，晁氏一门，非名宦即商儒，他亦自小聪敏，记忆超群，日诵千文，学不知倦，不满十岁便能写诗习文。十七岁那年，他随父亲出仕杭州，历览胜迹，不日便将钱塘的山川锦绣写成滔滔《七述》，令是时出任杭州通判的苏公遂生搁笔之叹，盛赞曰：“于文无所不能，博辩俊伟，绝人远甚，将必显于世，吾可以搁笔矣”，自后便以英雄少年，文才敏妙，扬名天下。

元丰二年（公元1079年），晁叔叔一举考中进士，又在开封府与礼部别院的考试中接连夺魁，神宗感其文章“深于经术，可革除当世浮藻风气”，遂诏令授澶州司户参军、北京国子监教授。

元祐七年（公元1092年），时任扬州通判的晁叔叔被召回朝廷，任著作佐郎，居东京，与父亲交往甚密，并成为有竹堂的常客。

晁叔叔曾给父亲写过一篇《有竹堂记》：

“济南李文叔，为太学正，得屋于经衢之西，输直于官而居之。治其南轩地，植竹砌傍，而名其堂曰‘有竹’，公式诸栋间，又为之记于壁。率午归自太学，则坐堂中，扫地置笔砚，呻吟策牍，为文章，日数十篇不休……”

《有竹堂记》后与《照碧堂记》《拱翠堂记》《新城游北山记》流传于世，皆为晁叔叔笔下脍炙人口的佳篇，风格峻峭简洁，笔力峥嵘闲静，把玩如珠玉在手，读来又似竹风皓月，满目生幽。

父亲自是喜爱不已，遂书写装裱，悬挂于有竹堂壁上，日日与之为伴。

只是，彼时我还年少，长辈们亦风逸清朗，可叹时间看似无痕无声，十余年闭目一瞬，却在不经意间，令人眉间心上，尽是风霜刻痕。

我十岁那年，晁叔叔被调任济州，后又一再遭遇贬谪与得遇复用，在党派之争中开启了他作为苏门学士宦途沉浮的半生。

直至大观二年（公元 1108 年）春，晁叔叔尚在仕途流离，先是从西京崇福宫调至南京鸿庆宫，后又被谪故地。

如此，他便干脆辞官买田，修舍栽柳，种菊酿酒，自筑“归来园”，自号“归来子”，效仿陶公归去来兮，忘情田园，寄兴诗酒，渔舟唱晚，独拥风月。

晁叔叔在书信中写道：“读陶潜《归去来辞》，觉己不似而愿师之。买田故缗城，自谓归来子。庐舍登览游息之地，一户一牖，皆欲致归去来之意。”

然而，晁叔叔为官时爱民如子，隐退后亦心忧百姓。在我们去往缗城的路上，一路都有百姓在传颂晁叔叔的政绩与善举。当地官员与他交情颇深，受他感化，便决定修桥便民，百姓无不欣慰。而他为官时，也曾设计智擒大盗，让全城夜不闭户，民生安宁，也曾不惧朝中弹劾，誓死为百姓减免赋税。许多受益于他的人甚至将他的画像挂在家中参拜，而得知他在故地隐居，更是时常有人匿名送来鸡鸭与粮食，以示感戴……

晁叔叔在归来园中填过一阕《摸鱼儿·东皋寓居》，世人皆以为是晁公的自娱之作，耽于吟风啸月，哀于儒冠误身，感于归计迟暮，却无人知晓他心底笔墨与美酒亦不能消融的结实块垒，所谓“功名浪语”，“莫忆金闺故步”，不过是爱之愈真，责之愈深，痛之愈切。

若不忆淮岸，何必载杨柳。

薄露初零，长宵共、永昼分停。绕水楼台，高耸万丈蓬瀛。
芝兰为寿，相辉映、簪笏盈庭。花柔玉净，捧觞别有娉婷。
鹤瘦松青，精神与、秋月争明。德行文章，素驰日下声名。
东山高蹈，虽卿相、不足为荣。安石须起，要苏天下苍生。

——《新荷叶》

于是，在寿宴那天，我为晁叔叔填下一阕《新荷叶》，祝福他长寿康宁，鹤瘦松青，也期望他安石再起，以苏苍生。

安石者，东晋谢安也。

与晁叔叔一样，谢安亦是出自仕宦之家，同样少年成名，满腹诗书，精通音律，被朝廷授任佐著作郎之职。

然而谢安却生性淡泊，屡辞辟命，并隐居于会稽郡山阴县之东山，林泉高致，醉卧清谈，捕鱼行猎，吟诗作赋，悠然自若。

“安石既能与人同乐，亦必定能与人同忧。”多年后，谢氏家族中出仕者尽数逝去，他才不得不出山挑起天下重任，历任征西大将军司马、吴兴太守、吏部尚书等职，佐明君，安百姓，锄奸佞，退敌军，保东晋一方数十年太平。

尤为可贵的是，他依然性情温雅，在朝堂以儒道治国，公明处事，在家中以书画自娱，德行文章。

世人皆称，江左风流宰相，惟有谢安。

“晁叔叔，安石不肯出，将如苍生何？”

“清照，两鬓星星者，莫忆金闺步，如今朝廷奸佞当道，我亦有心无力，不如以书作伴，与古为徒，自此岁月青绫两相忘，山水红尘一闲人。”

是夜，宾客散尽，我与晁叔叔在荷花池边煮酒论词，只觉风吹衣裳，光阴清香无尽。

古乐府与声诗的鼎盛时期，应在唐代的开元、天宝年间。当时有一个名叫李八宝的人，以歌声妙绝天下。

有一次，新及第的进士皆往曲江赴宴，其中有一位及第的名士，故意让李八宝隐去自己的真实姓名，并身穿旧衣，头戴破帽，神情凄惨，与之一同参加宴席。开席前，他特意告诉众人：“这位是我的表弟，且让他坐末席。”参加宴会的人果然对末席者毫不在意，大家饮酒唱歌，其中以曹元谦、念奴二人为冠，歌罢，众人皆赞叹激赏。

就在此时，那位名士忽然指着李八宝说：“请让我表弟歌一曲。”众人都哂笑起来，甚至还有人为此而发怒。但待那末席之人转喉发声，一曲唱罢，举座皆泣下，遂团团拜伏在李八宝周围，曰：“此人李八郎也。”

从此之后，郑卫两地乐声便日益炽热，其流丽柔靡之变亦日渐烦琐，当时已有《菩萨蛮》、《春光好》、《莎鸡子》、《更漏子》、《浣溪沙》、《梦江南》、《渔父》等词，不可遍举……

我饮下杯中酒，对晁叔叔说道：“五代时诸侯建国，干戈迭起，四海瓜分豆剖，斯文道熄，自无人作新曲。惟有南唐李璟、冯延巳君臣尚温文，于是便有“小楼吹彻玉笙寒”、“吹皱一池春水”之词传世，句子虽然优美奇甚，然“亡国音哀以思”，诚非上品。

晁叔叔笑容可掬，又问我：“清照，本朝乐章如何？”

“到了本朝，休养生息百余年，礼、乐、文、武皆大备，才有柳屯田永者，变乐府旧声为新声，作《乐章集》流传于世。只是，柳词音律虽完善，但词语却流俗于尘下，不可取也。”

不过晁叔叔并不认同：“世人常言柳耆卿曲俗，非也。如《八声甘州》云：‘渐霜风凄紧，关河冷落，残照当楼。’此真唐人语，不减高处矣。”

“晁叔叔，张子野呢？”

“张子野与柳耆卿齐名，时以子野不及耆卿，不过，子野词韵高雅，却是耆卿所不及的地方。”

“晁叔叔，我以为张子野虽时有妙语传世，却经常通篇破碎，不能称为名家。您认为晏元献如何？”

“晏元献从不蹈袭前人语言，可谓风调闲雅，别出机杼。如‘舞低杨柳楼心月，歌尽桃花扇底风’，便知此人不曾有过乡野陋室的人生。”

“晏元献的学生欧阳永叔如何？”

“欧阳永叔《浣溪沙》云：‘堤上游人逐画船，拍堤春水四垂天，绿杨楼外出秋千。’此句最为绝妙，单凭一个‘出’字，已非后人能及之处。”

“后人如何？”

“黄鲁直偶作小词，固然高妙，然不是当行家语，自是著腔子唱好诗。近世以来，作者皆不及秦少游，如‘斜阳外，寒鸦万点，流水绕孤村’，即便是不识字的人，也知道是天生的好言语。”

“晏叔原、贺方回、秦少游、黄鲁直一出，方得词中三昧。然晏词苦无铺叙，贺词短于用典，秦词虽专主情致，用词典丽深婉，却少于故实，一如那贫家美女，虽极其妍丽丰逸，却终是缺乏清贵之气，黄词虽有故实，却又多有疵病，亦如那良玉有瑕，价当折半了。”我说，“清照还想听晁叔叔谈谈东坡居士的词。”

“东坡居士之词，人谓多不谐音律，然居士词横放杰出，自是曲子中缚不住者。”

“晁叔叔此言有失公允也！清照不敢苟同。叔叔既说黄鲁直‘以诗度曲’，又何以言居士‘横放杰出’？居士学际天人，文采浩瀚，填词岂不如汪洋取水一般容易？然皆句读如不必雕琢之诗。诗文只分平仄，然词却要分五音，五声，六律，以及发音的清、浊、轻、重。如近世《声声慢》、《雨中花》、《喜迁莺》，既押平声韵，又押入声韵。《玉楼春》本押平声韵，又押上、去声，又押入声。本押仄声韵，如押上声则和谐，如押入声则不可歌矣。诚如世人言，居士作词不谐音律，但我以为，是因为居士‘以诗入词’，却不知词应‘别是一家’也。”

晁叔叔解颐：“清照果有锐识，居士若在世，怕也是要闻之绝倒，再与清照煮酒论词，辩其不屑‘倚声填词’，而是‘依词创腔’，亦未可知。”

“晁叔叔见笑了，那岂不是要与居士浮一大白？”我亦笑道：“清照平生有两恨也！”

“愿闻其详。”

“一恨不是男儿身，不可兼济天下。二恨晚生数十年，不可与兼济天下者醉笑三万场。”

言毕，我与晁叔叔皆輾然大笑。

是时，山野孤灯，一川风月，夜阑人静，酒意正微醺，只见那月光打在荷花水波上，温柔而璀璨，耀得眼睛迷离，人心却疏旷无加。

十五

岁月赠我青山冢，我还光阴白头吟

政和六年（公元1116年）春，德甫远游在外，我留在归来堂静守时序里的流水浮灯和山风晚照，无人赌书泼茶，便与故纸笔墨惺惺相惜。

柳塘风淡淡，花圃月浓浓，都说春日最宜朝看蝶，我却独喜这凭栏看山，纸上泼墨的清寂岁月。

“春草碧色，春水渌波，送君南浦，伤如之何！至乃秋露如珠，秋月如圭，明月白露，光阴往来，与子之别，思心徘徊。”

竹影轩窗边，我以一曲江淹的《别赋》入琴弦，如临南浦水岸，光阴的波澜漫过指尖，离别的花朵初放，忧伤蜿蜒的思绪滴滴答答打湿耳郭。

窗外的天空则似汝窑的青釉，在远山白雪的映衬下，显得尤为清澈幽远，仿佛可以洞悉人间的一切秘密。

我把秘密藏在心底，它却兀自浮上眉间。

我把心事诉于故纸，它却写成一个愁字。

坐在案几边，我一笔一笔细细描画窗外的山水天色，人说水色春为绿，夏为碧，秋为青，冬为黑，天色春为晃，夏为碧，秋为净，冬为黯，那么这山色，应该就是春为清，夏为幽，秋为明，冬为寂了吧。

不成想，笔墨落在纸上，却尽是枯山黑水，黯寂天色，草木凋落，晚照萧寒，一如我心苍茫，人意料峭。

沉水香消人悄悄，楼上朝来寒料峭。

春生南浦水微波，雪满东山风未扫。

金樽莫诉连壶倒，卷起重帘留晚照。

为君欲去更凭栏，人意不如山色好。

——《木兰花令》

屋子里的沉香似已燃尽，竹枝上的流莺衔着几点春光飞鸣而过，绿影摇荡一窗香息。

黄昏时，我在窗前填词，一字一句，漫漫心绪，皆化作笔底烟云。

伶儿为我暖了一壶酒，饮了一杯又一杯，却嫌金樽太小，浓愁难消。

鸾镜在侧，我看着镜中人的脸，如一片杳无人烟的荒原。

“伶儿，我忽然感觉自己老了。”

“姐姐韶华正好，何出此言？”

“红颜未老恩先断，斜倚薰笼坐到明。伶儿，你说我会不会也有这一天？”

“姐姐，姑爷心里还是有你的。”

我叹息一声，让伶儿早些休息，便不再说话。

能说什么呢？

一个人的苍老，终究不是一点点老去的，也从来都与韶华无关，应该就是一须臾一刹那的时间，听到某一句话，或是看到某一个场景，心里所有的花都萎谢了。

唯有年年岁岁，夜色如新。

窗外天水漾漾，晚虫低吟，熄了灯的房间，像极了一片缄默的海，风平浪静，包容万物，却没有人知道，壮阔波澜下，已经暗流涌动，暗礁丛生。

我恹恹地望向壁上，那里悬挂着一幅画，一束细长的月光透过窗外的树枝，打在画中人的脸上，如一道小小的伤口，又像是往事的密钥。

而那画中人，分明眉眼清澈，素衣胜雪，艳如舜华。

政和四年（公元 1114 年），八月秋社，是时农家秋收已毕，处处立社设祭，以酬土地神灵，赵家也做了社糕，买了瓜果，折桂入瓶，谓之入乡随俗。

那一日，就着醇和的茗烟，德甫在归来堂为我画像，身边桂子飘香，只觉岁月迤逦，红尘幽深，窗外秋色落地成诗。

画成之后，德甫又为我题像，“清丽其词，端庄其品，归去来兮，真堪携隐。易安居士三十一岁之照。政和甲午新秋德甫题于归来堂。”

我将画像精心装裱，悬挂在房间里，触目所及，皆是温柔。

这是最好的海誓山盟。

然而，记忆不会披沙拣金，我亦非善忘之人。

我还记得去岁九月，德甫自泰山归来，得《唐登封纪号文》等碑拓，自是欢喜不已，便连夜邀我共赏，并畅饮佳酿，直至酩酊。

夜间却听见他梦里醉话，和着若有若无的叹息，“我历经半生搜集金石，奈何竟无子保我遗余……”

那一刻，我为他掖被的手，突然就僵在了半空。

他的那句话，说得那么轻，却凭空将我的心烫出了一个大洞。

赵家子弟守制期满之后，翁姑就曾多次上奏皇上，请求让儿子们复仕。政和二年（公元1112年）天宁节后，赵家终于等来了京城的诏令，为赵丞相追复其职，其子存诚继以秘书少监言事，思诚亦很快入京复职，官至中书舍人。唯有德甫，一心流连山水金石，并埋首撰著《金石录》，尚未出仕。

而德甫此次出游之前，伶儿又告诉我：“姐姐，我方才路过太夫人的房间，竟无意听到太夫人对姑爷说，守制已满数年，是该考虑给他纳妾了……”

我心里陡然一慌，连忙问：“那德甫他怎么说?

“姑爷……他没有说什么。”

一股寒意涌上心尖，连唇舌也麻痹。

要我如何消融?

我岂能不知，因为嫁入赵家多年一直没能怀上子嗣，此事翁姑常有遗憾，先是期盼，再是焦急，如今，已然心灰意冷。

只是，我可以不惧旁人轻屑的眼光，不畏家人的冷言冷语，但如果在我期望他站在我身边的时候，他却保持了沉默，那么我的傲气与底气便再无立足之地。

我本以为，我们可以在青州终老，布衣蔬饭，诗书缱绻。

我本以为，世间的爱情莫不是两个人的事，坐拥着良辰美景，经历过生死契阔即是完满。

却不知，他一直都介意。

想那昔日我也曾心如明月，皎皎高洁，而如今，这一颗旧时的心，到底是浊了，卑微了，心里沾染了世俗，红尘，情爱，便有了源源不断的欲望，山不厌高，海不厌深，想此生共白头，想恩爱永不疑。

何其难也!

酒凉，夜阑，墨干，我搁笔而叹，月明星稀，乌鹊南飞，绕树三匝，何枝可依？

忧从中来，不可断绝。

萧条庭院，又斜风细雨，重门须闭。
宠柳娇花寒食近，种种恼人天气。
险韵诗成，扶头酒醒，别是闲滋味。
征鸿过尽，万千心事难寄。
楼上几日春寒，帘垂四面，玉阑干慵倚。
被冷香消新梦觉，不许愁人不起。
清露晨流，新桐初引，多少游春意。
日高烟敛，更看今日晴未。

——《念奴娇·春思》

寒食前夕，风雨潇潇。

我空有万千心事，奈何无处投递，终是望断飞鸿，不见君消息。

怎知寒食那日，我却收到母亲从明水写来的家书，称父亲病重多日，已到弥留之际，请我即刻回娘家一趟。

日高烟敛，我站在院子里，霎时泪雨滂沱。

是时德甫尚未归家，我亦不敢做半刻停留，匆匆向翁姑告辞后便携了伶儿一起奔赴明水，车马昼夜不息，沿途烟柳迷离，桐花万里，春光清美无尽，我却忧思如焚，无心风景，只想尽快见到病危的父亲。

在明水，我是李氏清照，不是赵家夫人，这一方生养之地曾赐我的姓氏名字，骨骼血液，又在清冷的烟雨里浸透了一回。

李家宅院。

我父躺在床上，容颜枯槁，气若游丝。

是时迒弟正在东京求学，他告假归家，神情凄切，满肩风尘。

母亲亦满目憔悴。

早年间父亲被流放桂岭，曾感染过严重的热毒，这些年一直未愈，从去岁夏天起，精神便每况愈下，今年春已是极度恶化，药石无医了。

母亲告诉我，是父亲特别叮嘱，不到最后一刻，不要令我们回家，怕我们辗转忧心，怜我们舟车劳顿……

我悔恨交加，又愧又悲，遂拜倒在父亲身边，大恸而哭，不能自抑。

翌日清晨，这个世界上最爱我的男人，走了。

他走得很安详，没有留下一句话，只是拉着妻儿的手，久久不愿松开，像个熟睡的人，握着珍爱之物。

母亲执意一个人为父亲操持葬礼，她没有眼泪，面容平静，眼神坚毅，但我知道，她是真悲无声而哀。

那一日，天气出奇的好，山花烂漫，幽篁明净，我手持一壶“漱玉烧”，送父亲上路。

我想，父亲的灵魂，定会化作明水的星辰河岳，守护着他所爱的人。

母亲将父亲葬在我的生母旁边，在那里种了兰竹，菊花，还有江梅。

而父亲的旁边，则是母亲为她自己留下的位置。

葬礼前一夜，她郑重交代我与远弟："清照，看在你我母子一场的情分上，待我百年之后，请务必与远儿一起，将我葬于此处。"

我拥抱母亲，点头应允。

可叹母亲一生清贵，心如琉璃，竟也有这般婉转幽深的"我执"。

那么，德甫睡梦中的无嗣之叹，是他的"我执"么？

我介意着他的介意，何尝又不是另一种"我执"？

站在山林深处，风吹干了我的眼泪，我不是佛陀，不可渡人，亦不能自渡，我只能阖上双目，感受父亲长眠之所那阳光撒下的一地慈悲。

恍惚中，我又想起葬礼前一夜母亲对我说的话：

"清照，我嫁给你父亲的那一年，也是吹着这样的春风……你听，风又起来了，沙沙吹过竹林，我总疑心自己还住在东京的有竹堂，那时的你，还不及我的肩膀高，远儿最喜欢跟在你身后，乳声乳气地叫姐姐……"

"清照，你说我是不是老了，总是想起从前的事情。"

“清照，你说眼泪是不是世间最柔软的事物，也是最无用的事物呢……若不然，世界或可因人而改写。我流干了所有的眼泪又如何，也不过是历史长河中小小的一滴。不如，就在此守着你的父亲，修竹酿酒，扫雪烹茶，静度余生，岁月赐我青山冢，我还光阴白头吟。”

“清照，你放心，我不会沉溺于过去的悲伤，日子是向前走的，生命的轮回是一个圆，我知道，你父亲在等我，就在青山深处，在生死衔接的那一天。”

我在想，如果有一天，我不幸跟自己深爱的人生死离别，阴阳相隔，我是不是可以做到，像母亲这般豁达，这般坚韧，这般深情。

我希望可以。

我又希望那一天，永远不要到来。

母亲说，岁月赐我青山冢，我还光阴白头吟。

我信。

深情不是荼毒，深情是慈悲，是饮鸩止渴亦含笑，是渡我如历劫。

年少时，不识情爱，未涉红尘，曾对母亲说过，此生惟愿得父亲一个“真”字，得母亲一个“静”字。

然而如今一路走来，有过良辰似锦，有过风雨如晦，才幡然发觉，我用尽一生辰光里所有的才华与力气，亦敌不过一个“情”字。

第四幕

花自飘零水自流

十六

念武陵人远，烟锁秦楼

青州城外，绿杨桥头，春色深如烟霭，四野弥漫。

有南风知我意，令垂柳在河面频频蘸水，一撇一捺，皆是情深与别离。

宣和三年（公元 1121 年）春，朝廷诏令德甫出仕莱州。

我在桥头以王摩诘的《阳关》送他："渭城朝雨浥轻尘，客舍青青柳色新。劝君更尽一杯酒，西出阳关无故人。"

遗音太古，一曲三迭，凄然宛转。

但唱《阳关》千万遍又如何，依然是君心难留，凝眸黯然。

德甫风华轩昂，踌躇满志，上车前拥我入怀："娘子琴音何以如此悲戚？"

"生怕离怀别苦，多少事，欲说还休。"

“娘子情深，德甫万不敢忘，待莱州安定，自会派人接娘子归来。”

“一言为诺，夫君珍重。”

我忍住眼泪，将送行酒一饮而尽，长空掠过几声烈马的嘶鸣，蹄音渐行渐远。

自此无心爱良夜，任他明月下西楼。

梦断漏悄，愁浓酒恼。宝枕生寒，翠屏向晓。

门外谁扫残红？夜来风。

玉箫声断人何处？春又去，忍把归期负。

此情此恨此际，拟托行云，问东君。

——《怨王孙》

这个春天，似乎格外漫长，门外的海棠落了一重又一重，像深闺的叹息，在等待中渐次萎谢的心。

夜间，月下的箫声幽咽如诉，总是扰人清梦。披衣而坐的人，铺红笺，拟托行云，问东君，何以负归期，何忍负归期？

东君无言，良人无信。

连天衰草，望断归来路。

寂寞深闺，柔肠一寸愁千缕。惜春春去，几点催花雨。

倚遍阑干，只是无情绪。人何处，连天衰草，望断归来路。

——《点绛唇·闺思》

一别数月，又至清秋季节。

去岁，翁姑已被两位兄长接至东京居住，如今德甫外任，偌大的青州老宅，便只剩下我与伶儿两人，守着满壁金石书画，泠泠七弦上，静听松风寒。

德甫临行前曾千叮万嘱，让我务必照料好归来堂的物事，我自是不敢相离寸步。

骨子里却倦意沉沉。

又一天，香冷金猊，宝奁尘满，鸿雁不来，家书不至，我日期夜盼，不知云鬓为谁而理，玉钗为谁而簪。

只是在想念德甫的时候，我就会去翻看他所撰著的《金石录》，三十卷初稿，一字一句，尽是心血与记忆。

昔日他在灯下撰写序言的场景，尚历历在目。

"余自少小喜从当世学士大夫访问前代金石刻词，以广异文。后得欧阳文忠公《集古录》，读而贤之，以为是正讹谬，有功于后学甚大。惜其尚有漏落，又无岁月先后之次。思欲广而成书，以传学者。

"于是益访求藏蓄，凡二十年而后粗备，上自三代，下讫隋唐五季。内自京师，达于四方遐邦绝域夷狄，所传仓史以来古文奇字，大小二篆，分隶行草之书，钟鼎簠簋，尊敦甗鬲盘杅之铭，词人墨客诗歌、赋颂、碑志、叙记之文章，名卿贤士之功烈行治，至于浮屠老子之说。凡古物奇器丰碑巨刻所载，与夫残章断画磨灭而仅存者，略无遗矣。因次其先后为二千卷。

“余之致力于斯，可谓勤且久矣。非特区区为玩好之具而已也。盖窃尝以谓诗书以后，君臣行事之迹，悉载于史，虽是非褒贬出于秉笔者私意，或失其实。然至其善恶大节有不可诬而又传之既久，理当依据，若夫岁月地理官爵世次，以金石刻考之，其抵牾十常三四。盖史牒出于后人之手，不能无失。而刻词当时所立，可信不疑。则又考其异同，参以他书，为《金石录》三十卷。至于文词之嫩恶，字画之工拙，览者当自得之，皆不复论。

“呜乎！自三代以来，圣贤遗迹著于金石者多矣。盖其风雨侵蚀，与夫樵夫牧童，毁伤沦弃之余，幸而存者，止此耳。是金石之固，犹不足恃。然则所谓二千卷者，终归于磨灭，而余之是书有时而或传也。

“孔子曰：‘饱食终日，无所用心，难矣哉！不有博弈者乎？为之犹贤乎已。’是书之成，其贤于无所用心，岂特博弈之比乎？辄录而传诸后世好古博雅之士，其必有补焉……”

还记得《金石录》序言完成那一夜，我也曾陪君畅饮长歌。

灯影阑珊时，德甫已醉眼朦胧，他喃喃问我：“娘子生平之志，可是《漱玉集》百世流芳？”

我笑，摇摇头，不置可否。

他到底是不够懂我啊。

于我而言，平生中最大的心愿，不过是修一卷美好姻缘，不必百世流芳，只要善始善终就好。

《金石录》初稿既成，德甫平生之愿已偿八九。如此，便可接受朝廷诏令，再复仕途，为民谋福。

是时，朝中风向亦有变。

政和七年（公元1117年），蔡京献策动修“艮岳”，在宫城东北划地近千亩，叠石掇山，尽取天下瑰丽灵石，新奇花木，珍禽异兽，并修葺雕阑曲槛，飞楼亭台，洞穴岩崖，泉池溪瀑，只待皇上万机之余腾山赴壑，凌云享乐。

然而艮岳的奇石之下，又掩埋着多少百姓的枯骨、血泪和怨声？民既不聊生，起义便不断……皇上不得已，只能在是年令蔡京罢相归家，以平如沸民怨。

而德甫亦决定不负母亲与兄长的期望，将《金石录》一事暂且放下，匆匆知任莱州。

香冷金猊，被翻红浪，起来慵自梳头。任宝奁尘满，日上帘钩。生怕离怀别苦，多少事、欲说还休。新来瘦，非干病酒，不是悲秋。

休休，这回去也，千万遍阳关，也则难留。念武陵人远，烟锁秦楼。

唯有楼前绿水，应念我、终日凝眸。凝眸处，从今又添，几段新愁。

——《凤凰台上忆吹箫》

万千思绪再次袭上心头，前尘往事便如风霜扑面。

是日，我临窗泼墨，以晁叔叔所创《凤凰台上忆吹箫》一调填词，落纸相思，凝眸处，又添几段新愁。

晁叔叔虽已仙逝数年，但往日与其切磋词作的言语却依旧回荡在耳际，似有昔年余温。

《凤凰台上忆吹箫》，乃是取自萧史与弄玉之典。

相传战国时期，秦穆公的小女儿弄玉有绝色，且精通音律，尤善吹箫。秦穆公对弄玉极为宠爱，曾专门令人修了一座凤凰台给女儿吹箫之用。

弄玉及笄之夜，梦见一位吹箫少年，自称萧史，居于华山。不日秦穆公便派人寻至华山，循着箫音，果然见到一位羽冠鹤氅，玉貌丹唇的少年，其超迈风神，不减天人。

萧史被迎入宫中，遂与弄玉结秦晋之好。两人婚后一直居住于凤凰台，每天吹箫和鸣，习作凤声，闻者皆言不似人间妙音。十余年后，两人的箫音已出神入化，可引凤来仪，驻台飞鸣。

于是，在某一个青天朗日，两人用一曲绝美的箫声招来了天上的紫凤与赤龙，然后一人乘龙，一人跨凤，双双飞升而去，至华山中峰时，便消失于云雾深处。

此后，便只余空空秦楼，以及有情人的思慕，在世间代代流传。

就像后世有多少填写诗词的人，还在他人的故事里，流着自己的眼泪。

秦楼宛在，归来堂如旧，而我的武陵人，已相隔天涯之远。

“晨肇重来事已迷，碧桃花谢武陵溪”，据古籍所载，东汉明帝永平年间，会稽郡剡县刘晨、阮肇共入天台山采药，得遇两名丽质仙女，被邀至仙家，并招为婿。却不知山中一日，人间一年，当半年后两人回家，见到的已经是他们的第七代子孙了。

那么，我那音讯全无的夫君，是否也似阮郎一般，在武陵仙境邂逅了佳人，而误了我们的尘世之约?

这个季节，我的心一寸一寸凉下去，如一座空荡荡的古宅，秋风万里，明月冷清，落叶千重，没有打马而过的归人，亦没有轻叩柴扉的过客。

只有那一点一点承受的寒凉，一丝一丝滋生的哀愁，全压进了骨子里，已足以下够一生的雪。

十七

微雨孤馆，闻君有两意

相隔十八年，我又一次活在了漫长的等待里。

只是上一次，是等政局变幻。

这一次，是等人心所归。

日子成了一条寂寞曲折的荒径，路边荆棘蔓延，勾住我的衣袖与裙边，如一丛又一丛欲说还休的心事，而举目四茫茫。

十八年前，桃花陌上春衫薄，我还有大好的时光，如玉的年华，可以恃才傲物，可以笑看红尘，可以让我等。

如今回首年岁，一如枝上荼蘼欲谢，繁华转瞬即歇，独留这半生的回忆，满腹的诗词，也只能低眉向秋风，独自沉吟，悠悠我心。

唱曲最怕对号入座，我亦不能免俗。

一曲终了，我望向归来堂外，青山高远，飞瀑潺潺，白云如铺展的经卷，岁月分明澄澈清宁，而我却如坠云翳深处，看不见山外的世界，也看不清一个人的心。

黄昏时，伶儿为我撤下酒杯，又给我煮了一盏木樨茶：“姐姐，今夜就是白露了，风声寒凉，你要爱惜身体。”

我神思恍惚，和着茶汤，慢慢咽下唇边呓语：“秋属金，金色白，水土湿气凝而为露，白者露之色，而气始寒也。伶儿，露从今夜白，月是故乡明，然星河在天，凉风无信，教我何以安之。”

“山不过来，我就过去。我愿留守归来堂，等姐姐消息。”

“伶儿，你真是我的解语花，一语惊醒梦中人。”

“姐姐，你本是玲珑生香玉，只缘身在此山中。”

也罢，我放下茶盏，刹那间已决心意，再看那冥冥天穹，竟一片疏朗澄明。

纵我不往，子宁不来？

子宁不来，我便往矣！

是年八月，我简单打点行装，伶儿送我只身赴莱。

三百里相思路，风雨兼程。

一日，行至昌乐西北十里，突然天降冷雨，云山隔断，只能夜宿昌东驿馆，泥泞山道，孤灯只影，一时又郁郁不能寐。

泪湿罗衣脂粉满。四叠阳关，唱到千千遍。

人道山长山又断，萧萧微雨闻孤馆。惜别伤离方寸乱。

忘了临行，酒盏深和浅。好把音书凭过雁，东莱不似蓬莱远。

——《蝶恋花·晚止昌东馆寄姊妹》

于是干脆向店家讨了笔墨，和着窗外的潇潇微雨，填词一阕，以《蝶恋花》为调。

《蝶恋花》本是出自唐教坊曲，“翻阶蛱蝶恋花情”，上下六十言平平仄仄，可谓纸短情长，缠绵悱恻，尽在方寸之间。

翌日清晨，我把书信托付给驿使，请他帮忙交给青州乡下归来堂的伶儿。

相依相伴数十载，我与伶儿之间的感情，早已胜过血肉相亲的姊妹。

还记得不久前伶儿送我赴莱，在绿杨桥头，她为我轻唱《阳关》：“姐姐，昔日你以三迭《阳关》送姑爷，今日我以四迭《阳关》送你。”

不知江月待何人，但见长江送流水。

白云一片去悠悠，青枫浦上不胜愁。

怎不教人泪湿罗衣！

还记得十八年前，也是这样的季节，孤馆雨夜，我们坐在一豆灯花下，听着四壁虫鸣，闻着桂花的香气，推心置腹，剪烛长谈，她为我研磨，我执笔填词，以两阙木樨小令，寄与南方的父亲，并附书信与他探讨家国与人生。

只是，如今家国愈发动荡，人生愈发孤惶，我一腔诗情依旧，却再无父亲可寄家书，可哀命运。

幸而还有伶儿。

要如何感激父亲的善意呢，多年前，是他让伶儿免受流离，多年后，也是他，赐予了我今生最好的陪伴。

昌东驿馆的那一夜，我终于明白，在这个世间，伶儿不是我的归途，却是我的退避之所。纵然有一天，我伤心累累，无枝可依，只要有伶儿在，我就不会无路可退。

我想我永远不会忘记宣和三年（公元1121年）八月十日那一天，三百里舟车辗转，风雨虎狼，我终于只身抵达莱州。

而那一天，竟是我夫君纳妾的日子。

“玉娘，快叫姐姐。”第一次，德甫在我面前神色讪讪，我的心蓦然一酸。

“是，是，姐姐，玉娘有礼了。”我夫君身边的女子眉眼纤细，云鬓峨峨，声若黄莺，肤白丰腴……的确好生养。

我扶她起身，心底四起的狼烟，在那刻沉寂成一潭死水。

我想，这或许就是我的命。

德甫年过四十，又无子嗣，纳妾本是平常之事，且依照大宋风气，我身为正室，当理应为夫家搭桥牵线，延续香火。

然而我脸上的微笑骗得了别人，却欺不了自己的心。

我心存芥蒂，如鲠在喉，又要如何向宿命俯首？

是夜，我独坐陋室，平生所见所好，书籍史典，皆不在目前。

只有案几上尚有一本破旧不堪的《礼部韵略》，又因思绪难平，无心翻阅。于是将一腔心思诉诸笔墨，拟以信手而翻的页码撞字为韵，偶得一个“子”字，随即作感怀诗一首，聊以自嘲与解忧。

寒窗败几无书史，公路可怜合至此。

青州从事孔方兄，终日纷纷喜生事。

作诗谢绝聊闭门，燕寝凝香有佳思。

静中吾乃得至交，乌有先生子虚子。

——《感怀》

看到身边的寒窗败几，冷壁孤灯，我想起的是袁术袁公路，当年他兵败如山倒，厨下仅余麦屑三十斛，穷途末路之际，身处陋室，饥渴交至，欲饮蜜浆而不得，不禁仰天长叹：“袁术至于此乎！”遂呕血而亡。

我亦可怜至此，命运诚欺人也！

魏晋时期，曾有人遍饮天下佳酿，修得一身辩酒的本领，于是将好酒称之为“青州从事”，因青州有齐郡，齐与脐谐音，而力道直达脐部者，自是好酒。至于次酒，便叫“平原督邮”，因平原郡有鬲县，鬲与膈谐音，酒力只能到达胸腹者，自然品质低劣。

“孔方兄”乃铜钱别称，古人掘铜铸钱，内则其方，外则其圆，象征乾坤，自此成为世间神宝，亲之如兄，字曰孔方。

世人皆爱美酒孔方，而我此刻只想来一壶“青州从事”，昏昏大醉一场。

然而，众人的欢喜并非是我的欢喜，尘世的热闹也并非是我的热闹，我最爱的，终究还是闭门作诗，心怀佳思，万人如海一身藏。

纵然天下无知己，还可以请“子虚”与“乌有”二位先生作伴。

又想起曾以《子虚赋》平步青云的司马相如。

司马相如是辞赋大家，也是汉代最俊美的琴师，以一张“桐梓合精”的绿绮名琴驰骋天下。

但是千百年后，最让人津津乐道的，却不是他金相玉式，艳溢锱毫的文采诗赋，而是他以一曲《凤求凰》琴挑文君的爱情佳话。

卓文君乃富商卓王孙之女，姿色娇美，精通音律，且有文名，是时正新寡在家。

她何其聪慧又何其刚烈，一曲定情后，当晚即与司马相如携手私奔，前路刀山火海亦无惧。

却无奈情郎家徒四壁。

“女至不材，我不忍杀，一钱不分也！”卓王孙大怒，自不愿接济新人。

怎知文君竟将酒舍开到卓府对街，当垆卖酒，相如则身穿犊鼻裈，与奴婢杂作，涤器于市中，终得卓王孙成全。

只是，世人皆为“愿得一心人，白首不相离”而感动，又有多少人会为“闻君有两意，故来相决绝”而惋惜。

就像世间有多少有情人，可以相安于贫困，却不能共享于富贵。

多年之后，司马相如先以一篇《子虚赋》得汉武帝垂青，后又以一篇《上林赋》官至中郎将。春风得意之时，他遂生纳妾之心，便处处冷落文君。

而她当初既可以为他舍下名誉一起私奔，如今便可以因他喜新厌旧与君长诀，纵无法令他视若珍宝，又岂能让他弃如敝屣。

皑如山上雪，皎若云间月。闻君有两意，故来相决绝。

今日斗酒会，明旦沟水头。躞蹀御沟上，沟水东西流。

凄凄复凄凄，嫁娶不须啼。愿得一心人，白头不相离。

竹竿何袅袅，鱼尾何簁簁。男儿重意气，何用钱刀为！

——卓文君《白头吟》

还记得少年时看到书里说司马相如终因一曲《白头吟》回心转意，但我总觉得女心伤悲，如匪浣衣，久久不可消融，文君固然维护了自己的骄傲，而那种境况下的骄傲，我宁愿一辈子都不要有……于是愈发觉得“回心转意”一词意兴阑珊，不久便趴上桌子上沉沉睡去。

是夜，我亦辗转睡去，梦里恍惚又回到了二十年前，见到了大相国寺桐荫花灯之下，那张明媚清朗的面孔。

春阳潋滟，我在海棠树下展开书信，上书“凤凰鸣矣，于彼高冈。梧桐生矣，于彼朝阳。菶菶萋萋，雍雍喈喈……”

八月十二日，德甫令人备好酒菜，自罚三杯向我赔罪。

“娘子，是为夫愧对你了。”

我忍住眼泪，将杯中酒一饮而尽：“夫君言重了，是我来得不合时宜。”

他深情凝视，眼中似有隐隐痛楚：“纳妾一事诚因母亲再三催促，她近年身体大不如前，我若能得一子半女，也好了却她的心愿。还请娘子见恕。”

“夫君，此事木已成舟，亦无关是非对错，何来见恕一说。是我命不好，我认。”

我仰起脸，小心翼翼地维护着一个正室的体面，却分明捉襟见肘。

他靠近我，鼻息打在我的面颊上，又温柔拥我入怀："娘子，请你相信我，我，赵明诚，今生今世，来生来世，皆只爱李清照一人。真情真心，日月可鉴，若有违背，天地可诛。"

我眼泪夺眶而出，却不知是喜是悲。

但我依然相信，相信起誓之人那一刻的真诚。

就像每一个初涉爱情的人，都会相信镜中可摘花，水中可掬月，唇舌之上可以构筑海市蜃景。

但爱情，就是一把刀，痴情的人容易被它所伤，体无完肤，肝肠寸断，唯有绝情的人，才能为我所用，挥洒自如，独步天下。

一别之后，二地相悬。只道是三四月，又谁知五六年。

七弦琴无心弹，八行书无可传，九连环从中折断，十里长亭望眼欲穿。

百思想，千系念，万般无奈把郎怨。万语千言说不尽，百无聊赖十倚栏。

重九登高看孤雁，八月仲秋月圆人不圆。

七月半秉烛烧香问苍天，六月伏天人人摇扇我心寒。

五月石榴红胜火，偏遇阵阵冷雨浇花端。

四月枇杷未黄，我欲对镜心意乱。

忽匆匆，三月桃花随水转，飘零零，二月风筝线儿断。

噫，郎呀郎，巴不得下一世，你为女来我做男。

——卓文君《怨郎诗》

若无《怨郎诗》，何来《白头吟》。

若无爱，何来怨。

若有心与君长诀，又何来破镜重圆。

但凡女子，莫不如此。

只因世间有情痴，只因眼前人是心上人。

何为心上人？

就是你痛了，我的心会比你更痛。

“德甫，我不怨你，你亦不必起誓，因为即便有一天，你不再爱我了，我又何忍你毫发有失。”

这一个拥抱，我真的等了太久太久……

我也知道，爱，即是我的宿命。

所以，终其一生，我必将受苦于此，受困于此。

十八

我倦欲眠君未去，明朝有意抱琴来

如此，在莱州安顿下来。

是年九月，德甫为我接来伶儿相伴，另与伶儿一起到来的，还有三十卷亟待完善的《金石录》初稿以及各种金石书籍。

若不出意外，按照大宋官制，德甫将在莱州有三年的任期。

而我，也将在此度过三年的岁月，浮云悠悠，流水千载，闲门向山路，深柳读书堂。

我们将莱州小院取名“静治堂”，经过一番修葺装点，终于有了几分归来堂的模样。

静治，犹言无为而治也。欧阳文忠公曾说，“帝尧以巍巍之功，臻乎静治”，苏东坡先生则有“古来静治得清闲”之句，我们也希望能重拾昔年归来堂赌书泼茶之乐，德甫公务之余，可在此偷得半日浮生。

德甫为金石穷其毕生精力，时间长达泱泱数十年，是时，《金石录》终于已经进入最后的整理勘校与题跋装卷的阶段，可谓大功将成，百感交集。

譬如晚上属吏散去之后，德甫便会来到静治堂，满心欢喜地与我探讨赏玩，然后校勘两卷，题跋一卷，再将其装卷成册，其间夹入芸签以驱书蠹，最后用青白丝带束之，每十卷为一帙摆放整理……

经常，身边滴漏声声，花影簇簇，轻柔的芸香萦绕在鼻端耳际，我们相对一灯，忙碌至夜深方感倦意。

宣和五年（1123年）中秋之夜，月色大好，风里有扑面而来的木樨香。

我在静治堂习文读书，等一个人，若月光可以下酒，当迷醉多少有情人的痴肠。

深夜时分，本以为德甫不来，怎知他竟披月而来，声称要为《唐富平尉颜乔卿碣》题跋。

“有朝士刘绎如者，汶阳人，家藏汉、唐石刻四百卷，以余集阙此碣也，輙以见赠。宣和癸卯中秋，在东莱重易装标，因为识之。”

题跋事毕，他欣然搁笔，神情又如春风少年，丝毫不知疲倦。

我忍不住打趣道：“夫君对金石之事如此惦念，为妻当真要心生妒意了。”

他起身笑道："娘子此言差矣，我惦念金石之事是真，然惦念娘子，更是切切。"

"那么如果有一天，如果要在金石与为妻之间做选择，夫君要如何选？"这句话，我想了想，终究还是咽下了。

既是为难，何必根问。

既是打趣，何必当真。

多年后，我常暗自庆幸，当年的自己没有问过这句话，还可以为自己那苍苍的两鬓，颓唐的双目，多留一份往事的甜。

是智慧吗？

非也，君不见世间有多少圆融的智慧，通透的聪明，不过是经历大起大落大伤大痛之后难言的无奈，退避的心酸。

就像世间总有那么多的真心话，用打趣的方式才能说出口。

八月的木樨香在清冷的空气里越发浓稠欲滴，月亮渐渐西沉，匿于万籁之怀，远方有白雪轻轻落在游子的发梢，而所有的风，都从远方赶来。

我倚在德甫身边，只觉窗外岁序如流，案上灯花簌簌，此时此刻再多言语亦是多余。

若真要问，也只当问那一句："我倦欲眠君未去，明朝有意抱琴来？"

时隔多年后，我始终记得那一夜的花香与月光。

静治堂外的夜色像大海一样将人世淹没，我们站在灯下，如两座互通灵犀的岛屿，静静泊在海洋深处，任凭风云变幻，时间漫过身体，一颗心却悠然得仿佛古老的鱼群，偶尔从水面探出头来，披上一身粼粼的波光，瞬间便曳尾而去。

征鞍不见邯郸路，莫便匆匆去。秋风萧条何以度？

明窗小酌，暗灯清话，最好流连处。

相逢各自伤迟暮，犹把新诗诵奇句。盐絮家风人所许。

如今憔悴，但馀衰泪，一似黄梅雨。

——《青玉案·送别》

宣和六年（公元1124年）秋，德甫莱州任期已满，不久后便接到朝廷调令，将去往淄州上任。

是日秋雨萧瑟，秋风扑鬓，我以一阕《青玉案》为他送别，九曲心路，蜿蜒连绵何止五百里。

然而人生就是一场又一场的离别，不是我告别你，就是你离开我，只要他日久别重逢，你我还有初见的喜悦，便不负昔日明窗小酌，暗灯清话，亦不负别后憔悴伤心，满城风絮，泪如黄梅雨。

宣和七年（公元1125年）春，德甫差车马接家眷到淄州安顿，并携金石书画一路同行。

五百里路舟车劳顿，加上一场突如其来的春寒，是年春天，我旧疾复发，整日咳得天昏地暗，肝肠俱碎，然而一想到不日即可与德甫相聚，便不觉得有丝毫的辛苦。

只是，彼时的我尚且不知，相比日后的山河破碎，物人两非，故地难回，数百里遥遥可望的舟车辗转，肉身疲惫，已是莫大的福分。

淄州汉景帝二年（公元前155年）在此设般阳县，因城南濒临般河而名。我父早年间在临淄州不远的郓城为官，还曾留下一首《过淄州》："击鼓吹竽七百年，临淄城阙尚依然。如今只有耕耘者，曾得当时九府钱。"

德甫在淄州做太守，后又因提兵帅属，斩获逃亡之卒为多，被朝廷"录功"而官进一阶，增加了俸禄。

如此便可竭其所俸，怀铅握椠，以事金石。

淄州地广物博，古迹颇多，任期内，德甫在公务之余便可搜集大量新的碑刻拓本，常废寝忘食而求。

除此之外，德甫还利用州守职务之便，尽心尽力保护碑刻文物。

淄州开元寺曾有一块建寺碑文，乃唐代李邕撰书，被人弃置在州郡官署的一间破屋下，德甫得知后，立即派人将其迁入宅院之内，又用木栅栏围之，加以保护。

另有天齐嬷嬷幢，德甫亦经常差人护理，对其爱重有加。

般阳县城东南方有山，叫五松山，山后有岭，叫天齐岭，岭上有一石幢，正是天齐嬷嬷幢。

石幢乃齐地遗风，莫知起时，只知古人享祭神灵，必立石幢，或用柴火，或用经幡，以达天听。

至于天齐嬷嬷幢是何人所建，亦传说有二。

一说是大禹布土定九州时，曾得云海八神之一的天齐嬷嬷相助，以神龟定海，荡平水患，于是在此设立天齐嬷嬷石幢，恭其受人间百世香火，敬祠拜谒。

另一种说法则是与东方朔有关。相传东方朔曾在天齐岭遇见一位老人，老人请求他捎带一封家书，依照指示，他一路行至岭上石幢，发现幢侧有石堰，堰下有石门，门内为石室，果然有一白发嬷嬷以礼迎之。

寒暄一番，嬷嬷便引东方朔经由一条甬道进入内室，那内室可容万人，且珍宝无数，遍地流金。

“承递家书，无以为报。但有好者，随汝自取。”嬷嬷要酬谢东方朔，被其谢而拒之。

临行时，嬷嬷赠东方朔黄豆一盘，他推辞再三而受。而当他走出洞门后再回首，洞门已踪迹全无，又观盘中黄豆，竟为灿灿黄金。

东方朔大惊之余，知为神仙点化，遂罄其金银，挖地为室，刻石为像，成齐地一绝，登山求神者不绝如缕，山边碑石林立，世人皆称“天齐嬷嬷幢”……

又一日，德甫去邢村乡间探访。

该村落丘地平弥，水林晶湝，墙麓硗确布错，疑似隐士居地。

德甫待行至一清溪幽林处，竟果真偶遇一位隐士，名曰邢有嘉。

德甫与邢隐士交谈一番后，觉得甚是投契。那邢隐士亦不厌德甫是为官之人，且热情邀请德甫到他家小坐，遂汲泉烹茶，谈兴愈浓，日已偏西，而他家中却是繁花满径，百鸟鸣飞，烟霞漫漫，一如仙家福地。

靖康元年（公元1126年）六月，德甫再次造访邢村，又见到邢隐士。一番畅谈之后，邢隐士便赠送给德甫一卷唐代白乐天所书的《楞严经》，称其有素心之馨，可做白氏墨宝的有缘人。

《楞严经》本是破魔宝典，末法时期，种种乱相，依此宝典，则正法得住世间，佛子修行有所依持，邪魔不能得逞。想那白乐天曾亲写《楞严经》一百幅，三百九十七行皆唐笺楷书，邢隐士所赠正是那第九卷的后半卷。

时隔数百年得见真迹，德甫一时如获至宝，感激不尽，于是立即上马疾驱而归，邀我共赏，尚未进门便勒马大喊：“娘子速来，此等宝物若无知己共赏，岂不如锦衣夜行？”

是时已是二更天，我仓促起身，披衣秉烛，只见他手持卷轴，一路狂喜不支，于是赶紧生火暖酒，陪他在灯下相对展玩。

酒喝甚，我们又烹素日珍藏的小龙团佐兴，最后灯烛添了几次，还不忍睡去，一直到黎明时分，德甫才恋恋不舍地将卷轴收起去忙碌公务。

想来真是无限唏嘘！

是时的我们，又何曾知晓，不久后将会家国动乱，血染山河，我们数十年收集整理的金石书史将在顷刻之间化为灰烬，我们大宋王朝将遭受一场史无前例的耻辱和灭顶之灾。

十九

万水千山，知他故宫何处

那是我认识德甫之后，第一次见到他那样的神情。

彼时，他颓唐地坐在房间里，望着盈箱累箧的金石书画，眼睛里盛着深不见底的悲伤，四顾茫然，怅然而叹，满身尘霜。

“娘子，金寇铁蹄之下，何以保我金石平安矣……”他一字一句地哽咽，声线颤颤。

我捡起撒落在地上的书信，来自东京：“金寇再次来犯，大宋岌岌可危……”

扶住案几，我不由感到一阵眩晕。

窗外秋风如泣，黄叶翻飞，一如我摇摇欲坠的心。

宣和二年（公元1120年），宋金结成海上之盟而协议攻辽，事成之后，大宋可得燕云十六州，辽国其余国土则归金所有。然而也正是这一场联盟大战，让金国看到了大宋二十万大军兵败的腐朽与脆弱，遂生侵宋野心。

宣和七年（公元1125年）八月，金寇分东、西两路南下攻宋，西路直扑太原，东路破燕京，渡黄河，直逼东京。皇上见势惶恐万分，竟在气塞昏迷间跌落龙床，后又仓促禅位以避祸端。

太子赵桓临危登基，是为宋钦宗，并改年号为“靖康”，乞求王朝平安康宁，又顺从民意终止花石纲，驱除蔡京为首的“六贼”，然而依旧抵挡不住金人的狼子野心，银枪铁骑，一切都为时晚矣……

靖康元年（1126年）正月，金兵以五百万两黄金及五千万两银币，另加割让中山、河间、太原为条件逼我大宋议和，撤军后，又于同年八月卷土重来，两路夹攻。

十一月，金寇两路军队会师东京，大宋王朝已朝不保夕。

天寒地冻，金寇兵临城下，城内天降大雪，新君被迫忍痛下诏：“风雪大寒，小民缺柴薪，多致冻馁，皆朕不德所致，万岁山许军民任便斫伐。”

呜呼！家国蒙难，君王可以赠送给百姓的最后一点羸弱的温暖，竟是曾经埋葬多少忠良枯骨、黎民血肉的万岁山之柴薪，怎不让人无言哽噎？

昔日徽宗临幸与诸臣登景龙门预赏上元灯会，曾填《醉落魄》缅怀明节皇后，是时歌舞百戏，鳞鳞相切，宫嫔嬉笑，下闻于外，花月相照，锦绣交辉，好一片祥和繁华之象……而如今看来，“不忍抬头，羞见旧时月”，此中悲怆残缺，人心长别，何尝不是一词成谶！

是年闰十一月，金寇破城，一夕帝王成俘虏，皇城金银尽被搜刮一空，无数书画被付之一炬，但凡金兵所到之处，皆烧杀掳掠，无恶不作……

靖康二年（公元 1127 年）二月，金太宗下诏，废我大宋徽宗、钦宗二帝，将其贬为庶人，又强行脱去二帝龙袍。

自此，四百年东京繁华，琼林玉殿，朝喧弦管，暮列笙琶……皆成黄粱一梦，过眼烟云。

而大宋车载斗量的文籍舆图，宝器法物尽数被劫北上，数以万计的皇亲国戚，妃嫔宫娥，技艺工匠，平民百姓，也都成了昔日昏君佞臣的陪葬人，一路被押北返，离家万里，受尽欺侮折磨，最后怀着国仇家恨，郁郁死在胡沙异域的冰天雪地里。

千古奇辱，莫过于此！

自此，我大宋江山一分为二，与金寇隔江对峙。

放眼这一场惨无人道的浩劫，宋室皇族惟有康王赵构幸免于难。靖康二年五月，康王南向恸哭久之，于应天府继承大宋皇位，延续大宋法统，“倡义旅以先诸将，冀清京邑，复两宫”，并迁都江南，改元“建炎”。

我翁姑却未能平安避过兵火战乱，是年三月，她老人家在建康去世，德甫带着玉娘赶往建康奔丧，同时将淄州金石文物一并南运。

然而遗憾的是，不能将所有物品尽数运载，只能先将书籍中厚重的印本去掉，又将重复的藏画去掉，再将古器中没有款识的去掉，最后又去掉了书籍中的国子监刻本，藏画里的平平之作，以及古器中重大的物件。

几经筛选割舍，淄州文物尚装载了满满十五车。德甫将一路将其先运至海州，再雇船渡过淮河，又渡长江，最后到达建康。

德甫临行前，经过我们再三商量，决定由我携伶儿留守淄州，待处理好家务之后，再回青州归来堂整理那十余屋的金石什物，以等待来年开春，好备船运送江南。

彼时江北已经失守大半，不久战火若一旦殃及青州，我们滞留下来的文物定将毁于一旦。

我深知金石乃德甫至爱，自是不敢轻慢半分，虽然我亦深知自己势必将又一次陷入孤险之境，但为了大局着想，我还是主动留了下来。不日后即携伶儿从淄州启程，一路车马萧萧，黄沙漫天，直奔青州赵家老宅。

一年春事都来几，早过了三之二。绿暗红嫣浑可事。绿杨庭院，暖风帘幕，有个人憔悴。

买花载酒长安市，又争似家山见桃李。不枉东风吹客泪。相思难表，梦魂无据，惟有归来是。

——《青玉案》

绿杨渡口，暖风依旧迎送过客，不识离别与干戈。归来堂外，山泉依旧澄澈甘美，不染烽火与哀愁。只有那幽阶年年苔生，那满壁书册，尚在日夜等候归人。

我站在院中，念及昔年曾与德甫在此读书烹茶，买花载酒的岁月，尤感梦魂无据，黯然憔悴。

杜甫有一首《春望》："国破山河在，城春草木深。感时花溅泪，恨别鸟惊心。"

儿时摇头晃脑的诗句，时至今日，终于读懂了其间的一字一血泪，断肠声里断肠人，杜先生当为隔世知音。

山河破碎，城池泣血，国仇家恨在前，纵儿女情长，亦难表相思。

或许，自此一别，今生今世，我将再无北归故土之日。

与此同时，我大宋昔日的误国之君也正在北行的途中，面对一树灿然而开的杏花凄凉落泪。

他感怀身世，他诘问苍天，为何风雨无情，几番春暮，为何天遥地远，万水千山，故宫不知何处，为何身为一国之君，山河已失，还要遭受凌辱，求生不得，求死不能。

北返途中多是荒凉苍寒之地，众俘时常夜宿荆莽之间，食不果腹，衣不蔽体，可谓尝尽颠沛流离之苦，饿死冻死者不计其数。

当他们到达上京时，金人更是将徽宗父子囚禁在枯井之中，又逼其露上体，披羊裘，跪听金人诏书。

而众多的妃嫔帝姬，也皆沦为奴隶，甚至有人无衣可穿，于冰天雪地烧火取暖，一入一出，皮肉竟层层脱落，几天内即蜷缩痛苦死去……

在韩州，徽宗又被囚于陋室，日复一日，吃着发霉的食物，以枯草破絮御寒，在冷如冰窖的土炕上冻得双目失神，唇舌失语。

有一天，他在寒风中颤巍巍地爬上房梁修补屋顶，恰巧被金国使者看到，不禁大笑讥讽道："尧之王天下也，茅茨不翦，采椽不斫。"

徽宗岂能不明白金国使者的嘲笑？尧乃贤明君主，居住的却是未曾修剪的茅草屋，生活简朴之至，而他却曾是最骄奢的君王，居然也能居住上草屋，岂不是莫大的"抬举"？

语言果然是世间最毒辣的软刀子，轻轻松松，便可伤人于无形。

徽宗被刺痛了，趴在房顶上，心里的疤陡然被撕开，一时间，自然是痛得泪水涟涟。

但他没有悔恨，而是自哀：

彻夜西风撼破扉，萧条孤影一灯微。

家山回首三千里，望断天涯无雁飞。

——宋徽宗《在北题壁》

真是可叹可恨又可怜也！

可叹他是天生的诗人，是十足的艺术家，造诣非凡，书画独绝，却唯独不是一个合格的帝王。

可恨他骄奢淫逸，宠信奸臣，痴迷方术，大兴花石纲，终是导致政治腐朽，民不聊生，方让金寇有机可乘。

可怜他被金寇从东京的富贵温柔乡中生拖硬拽出来之后，又被残忍地推进肃杀酷寒的北狩生涯，但他临死都没能真正地醒悟，词中亦毫无反思之语，只知道怨恨风雨的无情，却不知痛恨自己的无道。

君不见，自古以来，成则为王，败则为虏，金寇岂能不知，要想打击一个亡国之君，不是拿走他的江山，夺去他的性命，杀尽他的百姓，而是禁锢他的肉身，剥夺他的自由，再将他九五之尊的颜面，一脚一脚地践踏成泥淖，然后一点一点地糊在史册之上，让他所有的族人与后代，生生世世，以为之耻辱。

二十

醉里插花花莫笑

建炎元年（公元 1127 年）十二月，青州大雪封山，归来堂亦呵气成冰，我窗外的那一株江梅，却是开得空前绝艳，灼灼芳华。

“清晨帘幕卷轻霜，呵手试梅妆。都缘自有离恨，故画作，远山长。”

时常，我就那般坐在窗前，看着晨光爬上帘幕，又慢慢化作余晖，看着梅树上的花苞，一粒一粒地绽放，偶有几只寒鸦飞来，在树枝上梳理翅羽，又倏尔裁风而去。

我不试梅妆，只试笔墨，红颜淡去，已愈发喜欢用诗词来消磨这枯藤一般的冷寂时日。

自入冬后，我的案几上便离不开手炉，伶儿贴心，知我畏寒，每日都会换上刚炙的炭火。

又一次，我们在这老宅中相依取暖，于清辉微芒中，等候春风破冰的消息。只待那绿杨桥头的垂柳吐出第一个芽孢，桃花枝头绽开第一抹绯红，我们即可雇船南下，与德甫团聚。

是时，德甫已起复江宁知州，兼江东经制副使。

“六代更霸王，遗迹见都城。至今秦淮间，礼乐秀群英。”

几个月前，他曾写信告诉我，明年春天，我正好可以去看江宁的十里秦淮，烟雨杏花。

怎料又天降人祸。

是年十二月，青州发生了一场突如其来的兵变，资政殿学士、青州郡守曾孝序派遣将官王定前去平乱，王定大败而归，被责再次出战，然王定却临阵倒戈，带领叛军将郡守父子杀害，又趁机为乱。但凡乱兵所到之处，皆夺门而入，一路烧抢，导致无数百姓流离失所，归来堂十余屋书册亦化作灰烬。

战乱之中，我与伶儿仅抢出一点可随身携带的文物书册，余下的便只能眼睁睁地看着它们被漫天的大火所吞噬，看着德甫数十年的心血尽付一炬。

我心痛难抑，一时悲愤交集，竟凭空呕出一口血来。

“姐姐——”

“伶儿，我愧对德甫了……”

但时势不容我耽于伤悲，我知道，我们必须尽快离开青州，否则又将陷于险境。

临走时，回首烟雾中的归来堂，我忍住眼泪，匆匆在路边刨下一抔泥土，便与伶儿一起日夜兼程，奔赴江宁。

我们混在难民里，一路舟车，千里跋涉，虽处处低调小心，避免遇到山匪流寇，然而行至镇江时，天降冷雨，又遭遇两个贼人，让我们险些丢掉性命。

当时，我甚至以为，自己此生再无缘见到德甫。

贼人面露凶残，以刀相逼，让我们交出财物，我们不从，便强行搜走我们的银两与金石器物，又欲将伶儿掳走。

我护住伶儿，对其正色厉喝："贼人住手！如今金寇犯我河山，尔等堂堂热血男儿，有力不去沙场退敌，收复失地，奈何做此昧心勾当，欺辱落难女子，试问还有何颜面称为男儿？！尔等就无妻儿姊妹？既已得手财物，还不速速退去！"

或许是受了我的震慑，又或许是良心未泯，在寒风骤雨之中，两个贼人轻哼一声，竟果真上马远去。

我们见势一路飞奔，一口气跑过山头，不由瘫软在泥泞里抱头痛哭，满身汗水夹杂着雨水，手脚发颤，脊背却阵阵发凉。

幸而我将蔡襄亲笔所书的那一册《赵氏神妙帖》藏在贴身衣物之中，才未被贼子劫去。

此贴得来不易，德甫曾几度重金而不获，后有幸与之结缘，德甫自是爱不释手，每次与我灯下展玩，都必当焚香烹茶，以示珍爱欢喜。

只是，逃难之路颇为不易，我们侥幸平安过了镇江，我又发了一场大病，伶儿也感染了风寒。

没有了银两，我们便只能变卖了裘衣，一路忍冻挨饿，强撑病体，才得以在一个飞雪扑面的清晨，吹到了江宁的春风。

彼时，已是建炎二年（公元 1128 年）二月，秦淮河的灯月笙歌才刚刚眠去，清寒的空气中正隐约蒸腾起六朝金粉的靡靡柔情。

极目之处，有亭台楼阁鳞次栉比，也有画舫烟波点映花衢，相比昔日东京的琼楼林苑，金翠满地，这座城市俨然蕴藏着另一种令人魂骨酥软的风流。

然而，为何我历经险阻跋涉，如今终于站在这温暖清贵的城阙之下，却是满目蓬蒿，愁绪丛生？

或许，江宁再繁华安宁，我也只是一个流落于此，失了故土的异乡人。

永夜恹恹欢意少。空梦长安，认取长安道。

为报今年春色好，花光月影宜相照。

随意杯盘虽草草。酒美梅酸，恰称人怀抱。

醉里插花花莫笑，可怜春似人将老。

——《蝶恋花·上巳召亲族》

三月初三，上巳佳节，长河涣涣，春和景明。

“何处春深好，春深上巳家。兰亭席上酒，曲洛岸边花。”

遥记得，儿时常听母亲谈起曲水流觞，兰亭赋诗的魏晋风雅。

那时在东京，都城人尚有传承长安遗风，上巳节去城外禊饮踏青，四野如市，芳草落英，诗酒唱和，簪花而歌，直至暮色方归。

而依照江南风俗，上巳乃北极佑圣真君的诞辰，各地都会举行迎神赛会，凡道观皆香火袅绕，贵家士庶则设醮祈恩，上祈国泰，下求民安，百姓亦纷纷酌水献花，虔诚而拜。

是夜赵府亦有家宴，德甫召亲族相聚，一早便兴致颇高：“娘子，陌上花已开，可试春衫矣。”

我却答非所问，心思恹恹：“德甫，我昨夜又梦见东京了，梦见城外南陌，牡丹如绣……”

“中州之地已尽失，南陌已非昔日南陌，牡丹已成泣血牡丹，只怕娘子要空梦一场了。”

德甫迟疑须臾，面上似有隐隐不悦，又问道：“娘子不喜欢江宁吗？”

我低眉而叹：“年年岁岁花相似，岁岁年年人不同。江宁虽好，却常有客居之感。”

夜间席上，众亲友齐聚，花光月影，酒美梅酸，歌姬柳腰盈盈，尽览秦淮春色。

是时，赵家大哥存诚，二哥思诚，以及德甫的妹婿皆在江南为官，我家迥哥哥也已在朝中任职，远弟则新任敕令所删定官。

看似是花月良辰，笙箫美景，却不知是梦里异客，一晌贪欢。

筵席散后，我与远弟并肩走在秦淮河边，看着河水中倒映的罗袖绮裳，灯火琉璃，只觉人间美如一场盛大的春梦，而世事却如那指间飞舞的流光，影影绰绰，倥偬无欢，不可把握。

我将一朵牡丹簪在发髻上，远弟笑称：“姐姐还是往昔模样。”

我莞尔：“醉里插花花莫笑，可怜春似人将老。”

大抵也真的是将老了。

就像母亲一样，老了，就喜欢用旧事来消磨时日。

譬如此刻，看到这秦淮夜色，风过楼阁，又想起多年前在城南的蔡水河边，二十四桥明月初绽，我与德甫共饮一盏青梅酒的曼妙与缱绻。

只是，彼时尚有余生可恋，亦有来世可期。

而今夕何夕，再念及旧事，竟如同上辈子的事。

好在还有身边至亲，可诉肺腑忧思。

我看着远弟，他有一张与父亲一模一样的脸，清亮的瞳仁，在夜间灿若星河，又泛出绵绵的暖意。

“远弟，近来母亲可好？”

“母亲自南渡以来，身体已大不如前，眷念东京旧事，常泪水湿巾。”

“远弟，你要多宽慰母亲，江宁春光大好，姐姐亦时有秋风之悲。”

“少年多乐事，灯火上樊楼。姐姐或许不知，南渡至今，我最忆的依旧是那清风楼上，美酒如刀。”

“可叹，南来尚怯吴江冷，北狩应悲易水寒。”

“姐姐心忧家国，不畏时忌，真是令世间男儿有愧。想我多年寒窗苦读，一朝考取功名，只愿为江山社稷尽些绵薄之力，然如今得以站立朝堂之上，却还是人微言轻，形同苟活。”

我又想起去岁五月，朝廷为稳定民心复用李纲为相，李相着手重整朝纲，组织抗金，颁布新军制二十一条以御贼寇，却也因此为朝中奸臣所不容，一时屡遭弹劾，复相七十余天即被贬至杭州。

于是便问远弟：“李相可有新消息？”

远弟面有悲戚：“李相现在鄂州，手无实权，有心无力。宗泽将军昔日受李相推荐力主抗金，然多次上书力请朝廷收复失地，皇上却置之不理。前些时日，已闻宗将军忧愤成疾……”

我闻之亦心痛难消：“忘父兄之怨，忍宗社之羞，枉为人君！远弟，秦淮一片温香月，消磨多少豪杰，我大宋风骨，难道真要渡江遂绝么？”

“姐姐的忧心正是我的忧心，但如今，我们也只能静观其变……”远弟揽过我的肩膀，又柔声说道，“姐姐还要记得谨言慎行，切莫落人口实。”

我轻叹一声，心底没来由地感到一阵沉沉的疲乏。

远弟站在我身边，也不再言语，只给我寂静无声的陪伴。

我看着他将目光投向杏花疏影的秦淮河，风吹起他的衣裳，仿佛一个瘦竹般的剪影。

而河中画舫悠悠，船头花灯下，正有一位年轻的歌姬在用琵琶弹唱小曲，“思往事，惜流芳，易成伤。拟歌先敛，欲笑还颦，最断人肠……”软糯的歌声，一句一句掠过靡靡月色。

一曲唱罢，客人抛下赏钱骑马远去，夜空下只余清风皓月。

歌姬正欲进入船舱，却被我叫住：“小娘子，且留步！”

歌姬回眸，双瞳盈盈，眉间自带几分英气，似是个清醒人儿。

我拔下鬓上金钗，将其抛向船头，大声道：“小娘子且看这支金钗，可否换你一曲杜牧的《泊秦淮》？”

歌姬拾起金钗，冲我盈盈一笑，遂颔首道谢，落座调弦。

夜色渐深，我与远弟依依惜别，然后怀着各自的心事，向家中走去，身边水月含烟，身后弹唱幽幽：“烟笼寒水月笼沙，夜泊秦淮近酒家。商女不知亡国恨，隔江犹唱《后庭花》……”

第五幕

又还秋色，又还寂寞

二十一

庭院深深深几许

“德甫，今日大雪，我想去城楼觅诗邀你赓和，可好？”

“为夫才疏，且公务繁忙，恐要有违娘子美意了，城楼风大，请记得添衣。”

建炎二年（公元 1128 年）十二月中，大寒。

是日，漫天飞雪覆盖了整座江宁城。

窗外寒气逆极，万物蛰藏，一年节气至此收梢。

窗外亦处处琼花，近有绿蚁新酒，红泥火炉，远有柴门犬吠，风雪夜归。

然而，我却没有围炉烫酒、闲话风雅的心思，一颗心孤寂着，又沸涌着，便索性顶笠披蓑，独自登楼，远望觅诗。

学诗三十年，缄口不求知。谁遣好奇士，相逢说项斯。

——《分得知字韵》

唐女鱼玄机曾说，易求无价宝，难得有情郎。

而我要说，有情人未免易得，真知己最是难求。

学诗三十余年，我不求闻达于世，不求一字千金，但问高山流水，知音何处相逢。

回首半生，唯此怅憾。

只叹，知我者谓我心忧，不知我者谓我何求……

城楼之上，风利如剑，雪花如絮，红尘紫陌皆阒然。

一只孤鹰在风雪中久久盘旋，如一枚棋子，在天地之间的棋盘上移动，审时度势，进退河山。

只是不知这寂静安康的城池之中，有多少人闻到了隔岸的血雨腥风，又有多少人在三尺金粉之下，感受到了四伏的杀机。

我不知道。

就像放眼世间，普天之下，我不知道有多少人愿意做一只寒鸦，流连于富家之屋，贪一点栖身的温暖，又有多少人愿意成为一只孤鹰，天愈寒，愈是性猛厉，身迅疾。

归家后，德甫问我，可否得佳句一二。

我摇头。

其实是有的，“南渡衣冠少王导，北来消息欠刘琨”，这便是我在城楼之上偶得的句子。

王导乃魏晋名门“琅琊王氏”之后，年少时即风姿飘逸，见识器量，清越弘远。

永嘉元年（公元307年），司马睿南渡江宁，被南方士族所排斥，正是王导所献良策，方令百姓归心。

后东晋建立，王导位极人臣，性情依然谦和宽厚，心怀恻隐，善于体察人情，又尽全力规谏明君，助其平叛乱，稳局势，匡扶天下，中兴晋室，可谓社稷之栋梁。

刘琨，弱冠之年便以文采震惊京都的晋代名士，曾与祖逖闻鸡起舞，枕戈待旦，立志枭逆虏之志。

永嘉元年春，刘琨任并州刺史加振威将军，遭数万匈奴兵围困晋阳。

当时，援军未到，兵寡粮少，刘琨登上城楼寻觅应对之策，念及四面楚歌之境，于是召集士兵，向敌营彻夜吹奏《胡笳五弄》，其曲悲凉激越，哀婉之至，匈奴兵听后果然军心骚动，思乡难耐，纷纷于夜半泣泪而散。

去岁七月，宗泽将军再次上疏渡河讨伐敌寇，以迎回徽、钦二圣，依旧重重受阻。

“出师未捷身先死，长使英雄泪满襟”，七月十二日，宗将军于弥留之际依然心系北伐，未交代一句家事，却连呼三声“渡河”悲愤而逝。

是时，风雨大作，天地为之一哭。

去岁十月，李纲丞相亦再遭弹劾，于十一月被贬南方蛮夷之地，至今生死未明。

“烈烈悲风起，泠泠涧水流。挥手长相谢，哽咽不能言。浮云为我结，归鸟为我旋。去家日已远，安知存与亡……”

可叹南渡至今，我朝中并非缺少王导、刘琨之辈，而是难容忠臣良将，收复河山之士。

“何意百炼刚，化为绕指柔”，我大宋颓靡，何以救之？

是以，这样的诗句，本应折骨为笔，蘸满腔热血，写给朝堂之上的人看。

而这样的诗句，也正是德甫不愿面对的句子。

他是当今皇上的爱卿忠臣，主和。

归鸿声断残云碧，背窗雪落炉烟直。烛底凤钗明，钗头人胜轻。

角声催晓漏，曙色回牛斗。春意看花难，西风留旧寒。

——《菩萨蛮》

春风又绿江南岸，倏尔经年。

建炎三年（公元1129年）正月初七，人日。

相传女娲造物一日占鸡，二日占狗，三日占猪，四日占羊，五日占牛，六日占马，七日占人，八日占谷。

古人相信天人感应，以正月初七为人日，是时家家女子皆煮七色菜羹为食，又以箔纸剪成人形“花胜”贴于屏风，戴之头鬓，登高出行，占卜吉灾，若逢天气晴好，便昭示一年平安顺遂，反之，若天气阴寒，则可能在此年间有疾病或灾祸发生。

而是年人日，雪落江宁，西风嘶鸣，天光晦涩，空气里尽是旧时寒意。

这会是不祥之兆吗？

祸兮福之所倚，福兮祸之所伏，我无法推测。

我只知道，国难当头，金寇步步紧逼，南北一江之隔，现世岁月，本就已无安稳静好，福祸不过旦夕之间，谁都不能独善其身。

是夜，我独坐房中，听着远处北归，耳边晓漏如催，感觉自己就像是一只在笼中辗转的困兽，唯有心底，风声猎猎，兀自生出一片孤独的山野。

而德甫，眠于章台柳巷，彻夜未归。

这个早春，我尤为喜欢翻看欧阳文忠公的诗词，无论闺阁小语，还是家国文章，皆是契合心意。

打开一阕《蝶恋花》，在灯下细细翻阅一段久远的雨横风狂的心事，如秋风怜惜一地乱红。

不经意间，自己竟也做了那泪眼问花的人。

读诗如观镜。

无计留春住，无计留心住。

或许，她也曾在爱中被人温柔善待，但春光尚且会阑珊，更何况故人心？

两情相悦时，爱便是世间最大的善，能让浪子回头，立地成佛，而一厢情愿时，爱也可以成为世间最大的恶，将令人亲临地狱，肝肠寸断，心如刀割。

但为君故，风雨满身。

一颗心再豁达无畏又如何，依旧躲不过不被爱的大荒大凉。

庭院深深深几许？

我不知道，是不是要用心上人的脚步来丈量，方可得知。

庭院深深深几许？云窗雾阁常扃。

柳梢梅萼渐分明。春归秣陵树，人老建康城。

感月吟风多少事，如今老去无成。

谁怜憔悴更凋零。试灯无意思，踏雪没心情。

——《临江仙》

庭院深深深几许？云窗雾阁春迟。

为谁憔悴损芳姿。夜来清梦好，应是发南枝。

玉瘦檀轻无限恨，南楼羌管休吹。

浓香吹尽有谁知。暖风迟日也，别到杏花肥。

——《临江仙·梅》

这个春天，秦淮柳色轻如云雾，空气寸寸青翠欲滴。

江梅亦芳姿如故，夜夜伴人清梦无央。

是日，我读欧阳词心有所感，一连填下数阙《临江仙》，又收录两阙于《漱玉集》中。

又因近期多憔悴，记性也大不如前，时感一事无成，且题下一则小序，聊当效仿古人，鸿蒙未开，结绳记事：“欧阳公作《蝶恋花》，有‘深深深几许’之句，予酷爱之。用其语作‘庭院深深’数阙，其声即旧《临江仙》 也。”

不久，这两阙新词便在秦淮河畔传诵开来，但凡画舫楼阁，皆有歌者唱咏。

江南人人说词女，词女心事几人知？

德甫待我已不似从前。

“娘子记得添衣”，“娘子请早睡”，“娘子好文采，为夫望而兴叹”，“娘子多说无益，北伐之事，当由皇上做主”……

有多久了？

我们之间只余客套，看似情义尚在，实则句句敷衍，字字寡淡。

《金石录》一事已搁置许久。

他不曾来我房中，亦许久。

我也曾低下身段去问他的随从，怎知那年轻人都不屑骗我，“如夫人所想，大人这段确实留宿在春莺阁。”

不禁想起多年前，我在明水遥念苏蕙，她以一方回文锦帕唤回一个人的心，只觉与其隔着几世的遥远，而如今听着心上人的脚步渐行渐远，我又要用什么将你留下来。

我已年华迟暮，你亦初心不再。

于是蓦然醒悟，能唤回的人心其实从不曾走远，而当一个人不被爱，不被需要的时候，她纵有绝世的才情，亦与敝屣无异。

也正是在这个春天，德甫接到朝廷诏令，即将调任湖州。

而就在我们准备动身之前，江宁发生了一次兵变。

御营统治官王亦轻信敌寇谗言，意欲叛乱投金，并密谋夜半时分起兵，点火为信，里应外合，夺我大宋城池。

好在此事及时被江东转运副使李谟得知。是夜，李谟飞骑来报，声称十万火急，但德甫声称自己已被命移湖州，手上并无调兵之权。

如此，李谟便只能率部众埋伏于沿途巷中，并在险要处设置栅栏，阻难敌军。夜半，天庆观果然有人纵火，是时诸军皆鼓噪而出，王亦也来到城下，但因李谟事先布防，敌军未能入城，最终，王亦领叛军用利斧砍开南城门窜逃而去，江宁暂且无忧。

只是，拂晓时李谟入城送捷报，才知道上一任江宁知府赵明诚已与江宁通判毋丘绛、观察推官汤允恭一起弃城夜遁矣！

依旧是在这个春天，朝廷下令，将江宁城更名为“建康”。

建康的确好，雄山为城，长江为池，舟车漕运，数路辐凑……高宗御笔诏书:“建康之地,古称名都。既前代创业之方，又仁祖兴王之国。朕本繇代邸光膺宝图，载惟藩潜之名，实符建启之义。盖天人之允属，况形胜之具存，兴邦正议于宏规，继夏不失于旧物，其令父老再睹汉官之仪，亦冀士夫无作楚囚之泣。江宁府可改为建康府，其节镇旧号如故。”

似有收复河山之志。

然而，当他听闻金寇又将南下的消息时，却再一次仓皇逃往杭州。

天上浮云如白衣，斯须改变如苍狗。

古往今来共一时，人生万事无不有。

可不是么，王朝的颠覆尚在顷刻之间，君王的承诺尚可随风而逝，又何况是一个怯懦男子的心，要如何才能在这金粉奢靡之地，抵挡住世事与战乱的沧海桑田，而坚守最初的节操，爱民如子，保持最初的情意爱你如常？

我也不知道。

我只知道，我一这样想的时候，心就会痛不可遏。

二十二

一瞬间风吹青丝，一刹那雪落白发

因“弃城夜遁”一事，德甫被朝廷罢官。

如此，我们便只能备办船只离开建康，打算由水路上芜湖，入姑孰，卜居赣水之滨，静待复任诏令的到来。

建炎三年（公元 1129 年）五月，船至和州乌江。

又因江边有霸王祠，德甫特令人泊船以待，邀我去祠内寻访金石古迹。

昔日西楚霸王项羽自刎于乌江，唐人感其英雄气概，为其修建祠堂，以供后人祭拜。

进入祠内，果然有霸王黄杨木像一尊，手持宝剑，金刚怒目，风神高迈，仪表凛凛。

数百年来，曾有无数文人墨客到此题诗相祭。

如杜牧的批判与惋惜：“胜败兵家事不期，包羞忍耻是男儿。江东子弟多才俊，卷土重来未可知。”

又如王安石的成王败寇之叹：“百战疲劳壮士哀，中原一败势难回。江东子弟今虽在，肯与君王卷土来？”

英雄已逝，江山易主，古今多少事，且凭他人评说。

只是，透过这些诗句，我似乎也看到了身为英雄的两难，立足天地之间，如何才能忠义两全，且不愧对自己的内心。

“男儿何不带吴钩，收取关山五十州。请君暂上凌烟阁，若个书生万户侯。”

想那少年时读李贺诗篇的情境尚历历在目，如今回首一望，三十年倏忽而过，是叹岁不我与，还是叹命不我与？

念及此时的家国之痛，身世之悲，我亦在壁上题下一首绝句，天地浩然，以表意气不改，今生今世，但求不负我心。

生当作人杰，死亦为鬼雄。至今思项羽，不肯过江东。

——《夏日绝句》

走出霸王祠后，天色晴好，我站在船头，看隔岸榴花灼灼，杨柳低垂，初夏的光影在水面闪耀荡漾，内心的思绪仿佛也沉默了下来。而当风声过耳，猎猎于世，又觉岁月如催，心底兵气纵横，将一曲千古落寞的垓下悲歌，唱了又和。

力拔山兮气盖世，时不利兮骓不逝。

骓不逝兮可奈何！虞兮虞兮奈若何！

——项羽《垓下歌》

汉高祖五年（公元前202年），项羽被困垓下，兵少粮绝，四面楚歌，夜间饮酒悲叹，感大势去矣，惟独放不下虞姬。

汉兵已略地，四面楚歌声。大王意气尽，贱妾何聊生！

——虞姬《和垓下歌》

翌日，项羽率领残部，以乌骓马带着虞姬尸体从十面埋伏中一路向南突围，至乌江边时，已全军覆没。

是时，后有十万追兵，前是滔滔江水，一代枭雄穷途末路。

但他本也是可以逃的。

乌江亭长有意救他："江东虽小，地方千里，众数十万，亦足王也。愿大王急渡，今独臣有船，汉军至，无以渡。"

他却仰天笑道："天之亡我，我何渡为？且籍与江东子弟八千人渡江而西，今无一人还，纵江东父兄怜而王我，我何面目见之？纵彼不言，籍独不愧于心乎？"

所以，他宁肯自刎也不愿乞怜投降，或是回江东重振旗鼓。

"败"不足惜，然"愧"字，可杀人。

诚然，生而为人，行走于世，就会发现世间有许多比生命更珍要的东西，对于项羽而言，或许是尊严，但对于虞姬而言，必定就是爱情了。

身既死兮神以灵，子魂魄兮为鬼雄。

所以，项羽虽败给了时势，却依旧是那个顶天立地，气吞山河的英雄。

身为女子，我对项羽的思慕，除却慕他是逐鹿天下的盖世英雄之外，我还羡他，曾有一个美丽流转千年的恋人，愿意怀抱忠贞不渝的爱情，在他穷途末路时，与他一起赴死。

而南渡求和，夫君夜遁，经历这一切之后，我就已经知道，这样的情分与福分，我这辈子都不曾有过，亦不会再有。

不久后，船至池阳。

途中，德甫终于等到了圣旨，令他即刻赴建康神霄宫朝见皇帝，接受知任湖州事宜。

那一刻，我看到他眼睛里出现了一种我与他相识数十年也未曾见过的光亮，灿烂射人，精神如虎，却让我觉得那么陌生。

接旨之后，德甫决定独自骑马返回建康，令我携玉娘暂居池阳等候。

六月十三日那天，他将轻便行李担至岸上，又上马挥手向我们告别，面上全无离别缠绵之意，呈现出来的，尽是新官上任的孜孜喜色。

我看着船上堆积的累累金石之物，不禁想到之前的青州兵变，归来堂书册毁于一旦，便急忙大声追问：“夫君且慢，若他日池阳有难，此等金石书册，我当如何？”

是时，他葛衣岸巾，立马而驻，举手屈肘如戟状遥遥应道：“且跟随众人。万不得已之时，还请娘子记得舍弃次序：一舍箱笼包袱，二舍被褥衣物，三舍书画卷轴，最后可舍古器，但那些帝王宗庙所用的祭器与礼乐之器，务必要亲自抱负，必要时当与身俱存亡，切记切记！”言毕，遂策马转身，直奔前程而去。

我心里突然一阵难过。

却又说不出难过什么。

只知分明是六月盛夏，日光毒辣，蝉鸣不已，我却生生打了一个寒战。

之前江宁兵变，他独自弃城夜遁，我只当他一时糊涂而失节，更不愿相信，他会弃妻妾于乱离之中而不顾。

再之前，我以为他一生最爱金石，然南渡之后，我才慢慢明白，这一生中，他最爱的，还是自己。为保性命无虞，前程无忧，他一力主和，左右逢源，在江南的温香里醉生梦死，看不见河山破碎，黎民如刍狗。

再再之前，我甚至以为，他爱我怜我，今生来世，皆不会负我……

而如今，金石书册尚可弃，我在他心里的位置，更与一件器物无异。可叹宗器姑且有我誓死守护，那么危急时刻，又有谁来守我护我？

古人说，“日居月诸，胡迭而微，心之忧矣，如匪浣衣”，大抵便是如此吧，那一刻，我望着膝下滚滚逝水，只觉熠熠白日，光辉尽失，而心底一点一点生出来的仓皇与哀戚，怕是用尽后半生所有的眼泪，都浣洗不掉……

于池阳安顿后，我一度身心俱疲，填词抚琴皆无半点心思。

而德甫自渡口分别以后，就一直音讯全无。

八月初，我终于收到辗转到来的家书，匆匆展开，却是晴空霹雳，德甫告诉我，他因上次一路冒大暑鞍马无歇，在途中感染痁疾而持续发热，等到了建康之后，就卧病在床，至今已将近月余了。

德甫还在信上写：“清照吾妻，可怜明月应笑我，病泪纵横，魂梦无依，犹念往昔……”

我捂住脸，心底霎时山崩地裂。

他纵然负我疏我，我仍然念他怜他。

我不忍他丝毫有恙，不愿他片刻无依。

只要他说想念，我便会马不停蹄奔赴而去，向他张开双臂。

忽又想起，以德甫的性情，他定然想要尽快康复赴任，但从症状来看，他所患的乃是热疟，此时若不慎服用寒药降热，那对于病情来说，就是雪上加霜！

于是，我赶紧雇船直驶建康，夜行三百里，忧心似箭。

然而，还是为时过晚。

待我到达建康后才知道，德甫果然服用了大剂量的柴胡、黄芪等败火退热之药，如此一来，他疟疾未愈又生痢疾，两症并发，已经病入膏肓，回天乏术了。

“德甫——”

我扑倒在床边，一声一声哽咽着唤他，我抚摸他消瘦的面颊，摇晃他瘦弱的臂膀，而他已没有力气拥抱我一下。

只有那双眼睛，在望着我时，依稀还是二十九年前的那般澄澈明朗，犹如潋滟春阳，投入我十七岁的心湖。

八月十八日，德甫到了弥留之际，我牵着他的手，伏在他的胸口，再次泣不成声。

他缓缓闭上眼睛，没有留下任何遗言。

那一刻，我万箭穿心，脏腑欲裂。

我终于知道，一个人的心若是真正悲伤到了极致，纵然是刀子划在上面，也不会觉得有一丝的疼。

而我读过那么多的诗，填过那么多的词，却无一句可以尽释那一刻我心底的哀与痛。

白日正中，叹庞翁之机捷；坚城自堕，怜杞妇之悲深。

是夜，我在棺木边点灯蘸墨，以一纸骈文悼念亡夫，长歌而哭，悲痛欲绝。

我想起春秋时代，齐国大夫杞梁战死，他的妻子伤心向城而哭，隅为之崩，城为之阤……杞妇之悲，悲在夫君早逝，自此伶仃于世，独处，独息，独旦，也悲在内无子嗣，外无至亲。

“上无父兮中无夫，下无子兮孤复孤”，我今日算是感同身受。

当时，因金兵压境，长江禁渡，高宗早已分遣六宫，率文武百官离开了建康，其中就包括赵家的两位兄长，以及我家堂兄与远弟，他们或跟随高宗逃难，或被派往南方各地，镇守我大宋尚未被金人侵占的城池与土地。

所以，德甫的丧事，便只能由我一人操持，凡事从简，就近下葬。

“夏之日，冬之夜。百岁之后，归于其居。冬之夜，夏之日。百岁之后，归于其室。”

在德甫的棺木里，我放进一方丝帕，里面藏着几枚落梅花钿，还有我的半缕青丝。

生逢乱世，且以浊酒清风，相送夫君。

“清照妹妹，如若有来生，苍茫人世，紫陌红尘，路过你的身边，德甫只愿还能拾得你的花钿。”

“尾生抱柱，至死方休。”

一瞬间风吹青丝，一刹那雪落白发。

德甫，昔日盟誓尚在耳际，我从未忘记过。

若有来世，奈何桥头，红尘陌上，只要你来，我便会等。

二十三

情怀好比旧时衣，心亦万古如长夜

建炎三年（公元1129年）八月末，我从建康返回池阳。

经历丧夫之痛，加上舟车劳顿，炎暑辗转，我不由大病一场，心神俱损，仅存喘息。

天上星河转，人间帘幕垂。凉生枕簟泪痕滋。起解罗衣，聊问夜何其？

翠贴莲蓬小，金销藕叶稀。旧时天气旧时衣。只有情怀，不似旧家时。

——《南歌子》

是夜，博山炉沉香弥漫，我在梦中踏上一艘浮舟，溯游逝水，又见到了旧时的自己。

彼时，我坐在归来堂的案几边，于纸上勾勒一朵莲花，青州的月光透过窗外的枝叶，打在莲叶上，像珠玉乍泄，圆润可爱。

德甫在身后拥住我的肩："真好看。"

我眉眼盈盈："夫君见笑了，我许久不事女红，已觉手生。"

德甫声音如梦呓："娘子真好看。"

黄粱一梦，温柔无尽。

复又见到十六岁那年的藕花与鸥鹭。

也是这般天气，头顶星河流转，人间夜幕低垂，伶儿在窗边为我研磨，我披着一身荷香写下那阙《如梦令》，得京城词女之名。

"兴尽晚回舟，误入藕花深处。争渡，争渡，惊起一滩鸥鹭。"

"言与司合，安上已脱，芝芙草拔。"

只是，那时尚不知，我一生中爱情的源头会在哪里，会归于何处，更不知命运将如何将一段红尘情事悄然开头，又戛然收梢。

"夜何其？"

"夜未央。"

三十年岁月轻薄，清风有信。

三十年记忆沉沉，静海无澜。

如今，我年华迟暮，病体无依，情怀苍苍好比旧时衣裳，心亦万古如长夜。

梦醒时，庭燎微芒，我喉舌嘶哑，枕边泪痕依稀，身体像泊在水面上，骨子里又好似下过一场鹅毛大雪，雪花铺天盖地，凝固心神。

可叹梦有舟楫，肉身却不能奋飞。

可叹我本想在红尘中开出绝色的花朵，而命运却冷不丁地朝我洒了一把盐。

十五年前花月底，相从曾赋赏花诗

今看花月浑相似，安得情怀似昔时

——《偶成》

半月后，我终于病体初愈，有了提笔的力气。

于是以德甫遗孀之名，清点钱物，为玉娘打算后半生。

她尚年轻，又无子嗣，大可不必守着一个空空的名分，搭上大好的年华，与我一起颠沛流离。

再就是家中当时尚有书二万卷，金石刻二千卷，所有器皿、被褥尚可供百人所用，其他物品的数量亦与此相当。因考虑到日益紧迫的时势，我决定将这些物品分开存放，一部分随身，另一部分托德甫旧部由水路分批送至亲戚处，请其代为保管——是时德甫妹婿正在洪州任兵部侍郎，并奉旨保护隆佑太后，应可暂护这一批古籍的周全。

而我则继续在池阳等候前方战争的消息，继续守着德甫的遗物，承继他的未竟之业，做他凄凉的未亡人。

寒日萧萧上琐窗，梧桐应恨夜来霜。酒阑更喜团茶苦，梦断偏宜瑞脑香。

秋已尽，日犹长，仲宣怀远更凄凉。不如随分尊前醉，莫负东篱菊蕊黄。

——《鹧鸪天》

是年重阳日，我与伶儿在池阳小院里酿了一坛菊花酒，并彼此约定，若他日我朝将士收复河山，我们再开坛痛饮。

寒日萧萧，瑞脑香断，我揽镜自照时，已见两鬓飞霜。

白露凝兮，秋意将阑，只有那樽中的酒，园子里的菊，尚年年如旧，不负时序。

而年纪越长，越怕登楼，怕听西风梧桐落。

是日池阳登高时，我想起“建安七子”之一的王粲，想他也曾生逢乱世，也曾客居异乡，也曾心怀报国之志、忧国之思，也曾登上层楼，凭槛遥望，也曾气愤于胸臆，悲乡而涕零。

王粲，字仲宣，山阳高平人，年少读书即有过目不忘之才，后又习得满腹诗词，以文采闻名天下，得“建安七子之冠冕”。

东汉末年，天下纷争，群雄逐鹿，王粲流落荆州，依于刘表却不得重用。建安九年（公元204年）秋，王粲登上麦城城楼，远眺河山，感怀客居十二年身世飘零，写下千古名篇《登楼赋》。

人道是，七子之冠冕，却叹是，乱世一飘萍。

王粲荆州客居十二年，高山隔断了目光，却隔不断游子的思念。

昔日孔子在陈国也曾留下“归欤”之叹，钟仪被囚禁晋国也曾演奏楚乐思归，庄舄在楚国为官也依旧十余年不改越国乡音……可见，每个人思念故乡的感情都是相同的，不会因为自身境况是穷困还是显达而其心有异。

又想起多年前，我与德甫在归来堂灯下赏玩《楞严经》的幽趣与妙丽，暖炉烫酒后，再烹小龙团佐兴，直至黎明尚不忍睡去。

只可惜，如今小龙图尚在，而那与我共伴灯烛的人，以及那赋诗赏花的光阴，都一去不复返了。

如此再烹茶，茶味也苦了，一如这浓酽的浮世之味，甜是少有的，香亦稍纵即逝，唯有苦，才是永恒的底子，和着酸楚辛辣咸，反衬着那一点点甘的珍贵。

临高阁，乱山平野烟光薄。烟光薄，栖鸦归后，暮天闻角。

断香残酒情怀恶，西风催衬梧桐落。梧桐落，又还秋色，又还寂寞。

——《忆秦娥·咏桐》

池阳多梧桐。

我窗外即有一株，高可参天，年代似已非常久远。

“凤凰鸣矣，于彼高岗。梧桐生矣，于彼朝阳”，相传梧桐是吉木，可引凤来仪，秦皇就曾令人植梧桐数千株于阿城，以待凤凰之至。而寻常百姓植于庭院，则为享受碧梧四趣，春有新叶，夏能庇荫，秋得桐子，冬来负暄，皆是俯首拾落花般的朴素与欢喜。

那么是从何时起，梧桐成了文人墨客笔下的羁愁旅伴，托着沉重肉身里的那一缕孤魂，一抷哀思，在诗词里，在画卷中，郁郁不可安的呢？

白乐天曾写《长恨歌》：“春风桃李花开日，秋雨梧桐叶落时。”那场痛彻心扉的梧桐雨，分明是霖铃泪痕，不知打湿了多少爱而不得的眼眸。

李后主曾写《相见欢》：“无言独上西楼，月如钩，寂寞梧桐深院锁清秋。”他笔下的梧桐，寂寞又黯然，每一片落叶，都如秋风中的小舟，却引渡不了亡国之君孤苦落魄的余生。

于是，我亦蘸墨填下一阕《忆秦娥》，以一支枯笔的幽咽，穿刺光阴，力透纸背，作答古人数百年的落落哀愁，同时，作陪我身体里的孤悲与茫茫秋色。

登临高阁，看群鸦飞过半山，烟岚消散，一野岑寂。

黄昏时分，西风又催叶落，每一片，似乎都在诉说着寂寞。

酒烫了一壶又一壶，却是满头愁绪，身似冬野，心如枯树。

寻寻觅觅，冷冷清清，凄凄惨惨戚戚。乍暖还寒时候，最难将息。三杯两盏淡酒，怎敌他、晚来风急！雁过也，正伤心，却是旧时相识。满地黄花堆积，憔悴损，如今有谁堪摘？守着窗儿，独自怎生得黑！梧桐更兼细雨，到黄昏、点点滴滴。这次第，怎一个愁字了得！

——《声声慢》

是年十一月，建康失守，金寇又破洪州，放火屠城，无恶不作。

倾巢之下，无有完卵，我之前寄存于德甫妹婿处的那些连舻渡江之书，又散为云烟矣！

闻此国仇与书厄，我在心里又大病了一场，好久都没有复原。

我自以为安排妥当，怎知在兵荒马乱，命若浮萍的年代里，无一事可称之妥当。

当时，池阳满城黄花委地，桐叶也悉数落尽。

我日日寂坐窗前，从清晨，到黄昏，再入夜之腹地，翻阅古人笔墨，依然凄怆难抑，郁结丛生。

树犹如此，人何以堪？

数百年前，南梁文人庾信曾写《枯树赋》：

“……况复风云不感，羁旅无归。未能采葛，还成食薇。沉沦穷巷，芜没荆扉，既伤摇落，弥嗟变衰。《淮南子》云：‘木叶落，长年悲。’斯之谓矣。乃歌曰：‘建章三月火，黄河万里槎。若非金谷满园树，即是河阳一县花。’桓大司马闻而叹曰：‘昔年种柳，依依汉南。今看摇落，凄怆江潭。’树犹如此，人何以堪！”

梁元帝承圣三年十一月（公元555年），西魏大军围困南梁都城江陵，梁元帝拔剑击柱曰：“文武之道，今夜尽矣！”竟下令将宫中收藏的十四万卷书册尽数焚毁……千古书厄，令人扼腕。

庾信亦自此滞留长安，数十年魂梦漂泊，羁旅无归，哀遍江南，至死难释“江陵书厄”之郁结。

日暮途远，人间何世？

彼时，庾信已老，心如枯树，笔墨也似苍劲虬枝，但悲身世，死生契阔，不可问天。

又想起王粲曾说，每个人思念故乡的感情都是相同的，不会因为自身境况是穷困还是显达而其心有异，我想，每个爱书之人的感情也是相通的，不会因为遭遇厄运的书册是公物还是私有而其心有别。

当年青州归来堂书库毁于一旦，如今洪州数船书册又遭洗劫，真可谓摧我心肝。经此一难，德甫数十年心血便只剩下少数分量轻、体积小的卷轴书帖，以及李白、杜甫、韩愈、柳宗元的诗文集手抄本，还有《世说新语》，《盐铁论》，汉、唐石刻副本数十轴，三代鼎鼐十几件，南唐写本书几箱。我皆待之以故人遗珠，小心翼翼，生怕再有闪失。

所以，相隔数百年的流光，虞信的凄凉依旧不能成为医治我的药石，顶多，我也只是在他文采耀世的伤口里，揽镜自照一回。

书犹如此，人何以堪？

“欢笑情如旧，萧疏鬓已斑。伶儿，你说我们会不会就这般在此池阳，了结残生？”

“不会的，姐姐。”

“伶儿，我想我是老了，尽问些胡话。既是残生，何时不是消磨？既失故土，何处不是漂泊？”

“不是的，姐姐，你只是醉了。”

是的，我老了。

伶儿不过是慰藉之言，我懂。

时至今日，我也终于相信，一个人的苍老，真的不是容颜随着光阴慢慢流逝，而是只需要一刹那一须臾，情怀就沧桑了，一颗心也萎谢了。就像这庭中的梧桐，一夜之间便可叶片落尽，满目枯枝。

那么我是哪一刻老去的？是德甫离世的那一天，还是发现爱已非昨的那一刻？

我问杯中酒，却一口封喉，如命运滚滚，将我的声音吞没。

二十四

酒醒熏破春睡，梦断不成归

建炎四年（公元 1130 年）早春，池阳小院的梅花，开了。

我无心赏花，只是整日窝在纸帐里，卧游笔墨，满目河山，心意空远，清梦迷离，任由伶儿折来新鲜的梅花，一枝一枝插入帐柱上的壁瓶中，香息在帐内寂寂发散，四壁荧荧如月，花枝影映，仿佛可以照见往事。

我想起及笄那年，母亲也是坐在有竹堂的梅花纸帐内，送了我一支青梅发簪。

人说桃李春风一杯酒，江湖夜雨十年灯，而如今数十年世事沉浮，再来看这支发簪，竟犹如一座小小的孤冢，夜雨清冷，蔓草荒烟，冢中长眠着的，正是我那青翠明媚的豆蔻情怀。

藤床纸帐朝眠起，说不尽、无佳思。沉香烟断玉炉寒，伴我情怀如水。

笛声三弄，梅心惊破，多少春情意。小风疏雨萧萧地，又催下、千行泪。

吹箫人去玉楼空，肠断与谁同倚？一枝折得，人间天上，没个人堪寄。

——《孤雁儿》

是日清晨，不远处的巷子内隐约传来《梅花三弄》，也不知是何人在吹奏，只知幽幽的笛声里，藏着风霜，含着春意，直听得我柔肠百转，心事空濛。

这首《梅花三弄》，曾是德甫生前最喜欢的曲子。

是夜，玉炉里沉香氤氲，我心底思绪萦绕，于是我以《孤雁儿》填词一阕，又在《漱玉集》里写下小序："世人作梅词，下笔便俗。予试作一篇，乃知前言不妄耳。"

古人诚不欺我，梅花难画，难在神韵骨气，梅词难写，难在不落俗窠，别出机杼。

就好比这世间的断肠人，谁又不是奉心事填词，谁又不是用别人的眼泪，葬自己的伤悲。

是夜，疏雨潇潇，无星无月，我手持一枝梅花，站在屋檐下，附耳问春风，人间天上，何处为寄。

德甫，你那里是否也有梅花开？

春残何事苦思乡？病里梳头恨发长。

梁燕语多终日在，蔷薇风细一帘香。

——《春残》

不久后，春意愈深，梅花慢慢凋零，蔷薇渐次含苞。

风细细，触疏窗，燕语亦生香。

一日，我正在窗前勾画一卷蔷薇，却收到一封八百里加急，远弟在信中告知，数日前朝中有人暗中上表弹劾德甫，称其生前曾将一只价值连城的玉壶投献给金人，意欲通敌，且有叛国之罪……

我头昏目眩，惶恐不已，又怒火中烧，浑身战栗。

我怎能不知，昔日德甫病重时，曾有一位张飞卿学士带着玉壶来看望他，但随即便携之而去，更何况，那只是用一块形状似玉的美石雕成的壶，何来价值连城，又何来投献金人？

而造谣之人显然是捕风捉影，无中生有，此等祸心，理当拉杂摧烧，风扬其灰！

我期望可以即刻面圣，向皇上禀明事情原委，又害怕无旁人可证清白，我一人有口难言，反受牵制。

只是可怜我夫君尸骨未寒，竟遭此等宵小之辈信口雌黄，以欲加之罪，毁其清白名节。

幸而朝堂之上，尚有众亲友从中斡旋，可暂免我抄家之苦。

抑或，是因为皇上身处流亡途中，从建康，到越州，再到明州，再入海逃至舟山，又到台州，温州……每时每刻都要担忧金寇追击，令其无心无力追责此事。

然远弟依旧忧心我的安危，故又为我献策，让我尽快清点家中文物，追随帝踪，向掌管国家符宝的外庭投进，以彻底洗去赵家冤屈，之前“玉壶颁金”的谣言亦可不攻自破。

也罢，上江既不可往，金寇又行踪难料，不如先依远弟之计而行。

在池阳小院，我与伶儿再次打点行装，整理铜器书册，准备开始人生中又一段漫长孤苦的漂泊羁旅。

我们一路雇船雇车，从剡州，出睦州，历经千难万险，丢衣弃被，再急奔黄岩，乘船入海，追随出行中的朝廷——当时，高宗正驻跸在台州的章安镇。

当我们赶到台州时，台州太守已仓皇逃遁，全城尽陷金人之手。

两汉本继绍，新室如赘疣。所以嵇中散，至死薄殷周。

——《咏史》

是年七月，金太宗下诏，立我大宋降臣、原济南知府刘豫为皇帝，定都北京大名府，国号“大齐”，傀儡政权。

而皇上携臣僚南逃的同时，一面又派使臣向金人求和乞降，哀诉自己一路难逃的辛酸与懊悔，“所行益穷，所投日狭”，“以守则无人，以奔则无地”，不断用城池、银两、布帛乞求金朝统治者“见哀而赦己”……

何其可悲！

我心中悲恨无加，又无处诉说，刘豫身为大宋臣子，生不为民谋福，死不为国捐躯，贪图富贵，乞怜敌寇，所谓“大齐”，不过傀儡而已，其新政与王莽的赘疣新朝何异？

皇上贵为一朝天子，竟也如此窜身不耻，屈膝无惭，一纸帝王乞降书，让我大宋骨气尽折，真愧为人君，更枉为男儿！

可怜我一介女子，身世飘零，命运跌宕，又能如何？

也只能以古论今，用一腔的热血蘸着满肩的风霜，写下一首《咏史》，愤然流传于世。

所以，我写嵇康。

嵇康，竹林七贤之一，娶曹操曾孙女长乐亭主为妻，官至中散大夫，世称“嵇中散”。

后曹魏式微，司马氏族崛起，嵇康拒不出仕以效忠魏室。

嵇康是真名士不事二主，安能苟且求富贵，而同为七贤的山涛却投靠了权倾天下的司马昭。山涛的苟安之举，让嵇康甚为鄙薄，他遂作《与山巨源绝交书》表明立场，又誓死不降司马氏，以至于携琴赴刑场，一曲《广陵散》自此成为人间绝响……

如此，我们又跟随御舟，从海道走温州。

长久的颠沛流离，不由让我肉身疲惫，心神憔悴。

然一日夜间，我睡在温州的舟楫之上，头顶星河欲转，云涛弥漫，身下大浪淘沙，百川入海，竟兀自发了一场大梦。

梦里似至天宫，有北冥之鱼，化而为鸟，其名为鹏，鹏之背，不知其几千里，怒而飞，其翼若垂天之云……正是庄子《逍遥游》之境。

梦醒后，看着远处尚未散尽的硝烟，久久不知身在何处，只觉心中莽荒一片，仿佛平生都随风化水，与沧浪同逝。

如此，便在月下怅然提笔，记下一阕《渔家傲》：

天接云涛连晓雾，星河欲转千帆舞。仿佛梦魂归帝所。

闻天语，殷勤问我归何处。我报路长嗟日暮，学诗谩有惊人句。

九万里风鹏正举。风休住，蓬舟吹取三山去！

——《渔家傲》

不久，金寇因后方补给不力，加之受岳家军痛击，已撤兵至长江之北，与大宋暂签下盟约，暂停南侵。

建炎五年即将到来时，皇上命郎官以下官吏分散，又停留越州，于南国水乡喘息之际，心生“绍奕世之宏休，兴百年之丕绪”之畅想，下令改元“绍兴”，设越州为绍兴府。

绍兴元年（公元 1131 年）春，我赶赴越州，岂料这时皇上又移幸到了四明。

我不敢把金石文物留在身边，又忧心所托非人，正左右为难时，听闻朝廷在剡州接收文物，于是我便将大部分贵重文物运送过去。

怎知那批文物到达后，剡州又发生了叛军暴乱，当时朝廷派了一名李姓将军去平定叛乱，但李将军不久后便遭遇病故，那批文物亦不知流落何方……

至此，之前岿然独存的铜器书册，已十去五六矣！

我心痛之余，只能将余下的文物放在卧榻之下，并时刻告诫自己，再也不可有分毫的大意，更不忍放置他所。

然而，尽管我待文物万分小心，甘愿以命相护，却还是低估了乱世之中的奸恶人心。

至越州时，我租住在一个钟氏大院中，因担心文物被盗，从不敢与伶儿一起出门，经常是伶儿外出采办日常所需，我或在房间里习读诗文，或整理德甫留下的《金石录》，有时实在想念那些珍爱之物，也是选择在夜深人静时，灯下静静把玩。

但即便是如此，还是有五箱书画被贼人盗去，以至于我身边文物仅存之前的十之一二。

夜来沉醉卸妆迟，梅萼插残枝。酒醒熏破春睡，梦断不成归。

人悄悄，月依依，翠帘垂。更挼残蕊，更捻馀香，更得些时。

——《诉衷情》

一日夜间，月色大好，我在房间里翻阅《金石录》，又想起当初在莱州静治堂，德甫将其装订成册的情景。

于是借酒消愁，尽化作相思泪。泪影朦胧间，月光透过寂静的梅朵，落在他的手迹上，仿佛墨迹尚未干透，他刚离身一样，而我恍然回首，身边又哪有他的身影。

此时此刻，他墓前的大树，已亭亭如盖了吧。

翌日清晨，我酒醒起身检视榻下文物，竟发现墙壁被人连夜挖出一个大洞，榻下那些包括白乐天所书《楞严经》在内的卷轴皆不翼而飞！

我心中大恸，又气又恼，无奈之下，也只能在城中贴出告示，重金立赏，收赎被盗书画。

没有人知道，那些得来何等不易的书画，对于一个遗孀的意义，它们不仅是稀世珍宝，更凝结了德甫的心血，以及我生命中那一段赌书泼茶的千金不换的岁月。

而两天后，我的邻居钟复皓就带着十八轴书画前来领取赏金，那时，我才猛然醒悟，贼人远在天边，近在咫尺。若非有人向贼人提供准确线报，那贼人又怎能恰好趁我酒醉熟睡动手？

只是，我虽心知肚明，却苦无证据，便只好忍气吞声，付以赏钱，又允诺重金，请求钟复皓继续寻找剩余被盗卷轴，可谓千方百计用尽。但钟复皓似乎有所察觉，匆匆收下赏钱后，便再也不愿透露一点风声了。

直至数年后，我才辗转得知，当初我被盗的那些卷轴，已经被朝中转运判官吴说以极其低廉的价格收购……

那吴说我倒是有些印象，知他是朝廷命官，也是一位爱好金石的书法大家，其书作颇有汉魏之风，榜书稳健酣畅，行草超逸绝尘，深得黄庭坚精髓，其小楷可谓“宋时第一”，又时作钟繇之体，独创游丝书，一笔一行，游丝连绵，秀丽舒卷，高宗《翰墨志》称之：“绍兴以来，杂书游丝书，惟钱塘吴说。”

罢了，罢了。

事已至此，痛心疾首已无益，那些书画若真能得吴说之辈惺惺相待，也不算是明珠暗投，太过辱没。

只是欷歔，昔日梁元帝萧绎在江陵失守之时，不去痛惜河山破碎，家国灭亡，而是下令焚毁十余万书册，而同为帝王的杨广在江都遭受覆灭，却不以身死而可悲，反而死后显灵将生前所珍爱的书卷尽数夺回。

莫非，一个人对某种事物念念不忘，便可逾越生死？

那么，可是德甫泉下有知，对这些金石书画念念不舍，不愿让其留在人间？

抑或，是我资质菲薄，福缘太浅，不足以守护此等珍奇之物吗？

第六幕

生如博弈，落子无悔

二十五

长记海棠开后，正伤春时节

地有湖山美，东南第一州。

绍兴二年（公元1132年）春，我生平第一次到杭州。

是时，牡丹盛放，海棠纷飞，灵隐寺的树木苍翠，佛光普照，西子湖的波光胜过昔日情人的明眸，满城雕梁燕语，绮槛莺啼，人们卖花载酒，对景行乐，处处都是不染战火的悠然。

还记得儿时曾读欧阳公的《有美堂记》，我也曾对江南的湖光山色心生所向："钱塘自五代时，不烦干戈，其人民幸福富庶安乐。十余万家，环以湖山，左右映带，而闽海商贾，风帆浪泊，出入于烟涛杳霭之间，可谓盛矣……"

只是儿时不识世味，不懂兵戈，就像畅游年岁之河的小鱼，偶尔探出水面感知皓月清风的切切欣喜，对日光之下结网以待的命运毫不知情。

山河破碎风飘絮，如今江南于我，依旧可忆可恋，只是唯独不可做故乡。

然而是年，皇上已设杭州为“行在”，并下令在城中扩建宫殿，增修礼制坛庙，疏浚河湖，新辟道路……似有定都之意。

我来杭州，则是因为迒弟在此为官，我也正好可以与母亲团聚。

风定落花深，帘外拥红堆雪。长记海棠开后，正伤春时节。酒阑歌罢玉尊空，青缸暗明灭。魂梦不堪幽怨，更一声啼鴂。

——《好事近》

迒弟知我性情喜静，特意在距离灵隐寺不远处为我寻了一处清幽小院，每日可听暮鼓晨钟，佛音绕梁，可看采桑陌上，花开花落。

这一年，海棠花期已近尾声。

凉风一过，满树花瓣纷然，一半堆积在帘外，一半落进我的词里。

夜深时雨疏风骤，灯火青荧，酒阑人静，一声一声的鶗鴂又仿佛可以把异乡人的魂梦衔走。

那个时候，我总疑心自己还是睡在有竹堂内，待晨曦初绽时，青葱年纪的伶儿就会卷帘相看，院内是绿肥红瘦，还是海棠依旧。

那个时候，在东京的大相国寺的桐树下遇到一个光芒熠熠的人，一见倾心，恨不能以身相许。

那个时候，母亲尚且年轻，尚能为父亲烹茶煮酒。

伤春时节，我去远弟那边看母亲，相隔江宁一别，转眼又是数年离散，然经历生离死别的魂梦不堪，世事人心的载沉载浮，再见到母亲时，似乎已经过去了小半生，不由心中徒生悲凉。

这些年母亲饱受漂泊与思乡之苦，身体每况日下，常感风烛残年，神思幽恍，记不得小辈的名字，昨日之事也是闭目即忘。

但她分明记得有竹堂内的一草一木，微尘琐事。彼时记忆如柴薪，母亲又何尝不是“情”字大过天的女子，何尝不是以往事取暖的人。

如果说，世间真有“感同身受”一词，我想应该可以用在我和母亲之间。

那一天，母亲拉住我的手，眼神苍凉，声音黯然：“清照，我近来总是梦见你的父亲，夜间亦辗转不宁，心神尽失，恐是时日无多……”

我鼻尖一阵酸楚：“夜有所梦，日有所思，母亲，您只是想念父亲了。”

母亲叹息道：“是的，清照，南渡这些年，只觉心如断梗飘萍，常念明水东京。我此生想要葬在你父亲身边的心愿，怕是要落空了……”

我宽慰母亲：“是身无主为如地，是身无我为如火，是身无寿为如风，是身无人为如水。母亲，您慈悲一世，定会受佛缘庇护，我也相信每一个人都生而有心，亡而有灵，待肉身入土之后，四肢百骸即会化作河山星辰，与故土故人，相依相照。”

尽管我心知肚明，宽慰并非治愈母亲的良方，就像母亲剧烈咳嗽时，我轻抚她后背的那只手，温柔，伤感，却无力又无用。

母亲通透半生，怎会不懂。

所以，她不再说话，似已疲惫至极，只是用掌心覆盖住我的手背，阖目于榻上，须臾即沉沉睡去。

数日后，母亲病情加重，且每夜咳血，药石无医，我内心惶恐，日日诵经斋戒，去灵隐寺进香为其祈福。

但母亲似已去意坚决，不思水米三日后，即与世长辞。

我和迒弟抱头而哭，将母亲安葬在西子湖畔，与那里的十里风荷、澄澈碧波相伴，愿她来世得菩提时，身如琉璃，内外明澈，净无瑕秽，心如莲花，在泥不被泥染，在世不为世污。

母亲过世不久，我亦大病卧床不起。可怜迒弟为我四处求医，伶儿寸步不离地悉心照料，但直到初夏时节，我依旧不见好转，且渐渐病至膏肓，心神俱损，最后竟到了牛蚁不分的地步。

医者皆言，回天乏术。

然而，就在迒弟为我置办棺木、准备后事的时候，张汝舟来了。

张汝舟乃江南归安人氏，早年为池阳军中小吏，徽宗崇宁二年（公元 1103 年）及进士第，绍兴元年官至右承务郎、监诸军审计司官吏。

张汝舟声称倾慕“大宋词女”多年，此番从一位郎中处辗转得知我来杭州又重病在床，于是特携家中珍藏人参前来探望，又称定将竭尽全力为我寻访妙方，字字恳切，句句赤忱，令人动容。

迒弟自是感激不尽，当场便与张汝舟以兄弟相称。

此后，张汝舟果然百般殷勤，对我体贴备至，细腻入微。迒弟平时公务繁忙，便也渐渐放心将我交由张汝舟照顾。

是年端阳，张汝舟又送来几副中药和一剂偏方，说是费尽周折才获得。

“此方乃是在下从一位游方道士手中所购，如今李姐姐既已行将就木，不如搏命一试，或许还有一线生机。”

迒弟再三拜谢，不敢怠慢半分，赶紧唤伶儿去熬药，又伺我服下。

说来也奇，半个月过后，我的病还真的好了二三成，若得伶儿搀扶，倒是可以勉强下床。

我向张汝舟道谢：“张相公再生之恩，清照感激不尽，无以为报，他日定当日日斋戒，祈求张相公平安祥瑞。”

张汝舟柔声道：“李姐姐见外了，这是汝舟的福分。姐姐或许不知，‘知否，知否，应是绿肥红瘦’，‘莫道不销魂，帘卷西风，人比黄花瘦’，让汝舟魂牵梦萦十余年，姐姐漱玉之才，至此念念不忘……李太白有言‘三杯吐然诺，五岳倒为轻’，然为姐姐，莫说是几日殷勤，一剂偏方，让汝舟以天下相护，性命相酬又何妨？”

必须承认，那一刻，我被张汝舟感动了。

想我桑榆晚景，竟得如此真心坦承，可是上天怜我哉？

不料到了五月下旬，我复又病倒，气息奄奄。

却听见张汝舟对远弟欲言又止：“还请李兄恕我欺瞒之罪，只因那游方道士当日曾提及一味奇怪药引，令汝舟惶之恐之，虽说汝舟对李姐姐之心天地可鉴，然从不敢做此非分之想而亵渎姐姐，便只当是那老道胡言乱语，故不曾将实情相告李兄……”

“什么药引，张兄但说无妨。”

“冲喜。”

二十六

枕上诗书好，闲看木樨花

绍兴二年（公元1132年）五月二十五日，我仓促成婚，新郎是张汝舟。

只为救我一命。

我并不觉得委屈，更嫁救命恩人，况对方还有一片真心，世人讥我又如何？我这一辈子，怕亲人受苦，忧爱人负心，痛河山易主，唯独不惧闲言碎语，耳食之论。

可惜未出一个月，我即悔断肝肠。

一日，张汝舟醉酒夜归，言行举止与平时判若两人，我正错愕，他又厉声问我，其余的金石文物藏在何处。

我心里陡然一惊，但隔着纸帐，我依然可以清楚地看到他面上流露出的神色，是一种之前未曾见过的轻浮市侩。

我以为他或许只是酒后失态："汝舟，我不曾瞒你，全部金石，已在房中。"

他轻笑一声，并不信我："我诚心待你，你却始终当我是外人。"

我仿佛意识到了什么，尽量让自己语气平静："倘若另有藏处，你当如何？"

他面露喜色："我们既已成婚，又有官府文书为证，我作为你的丈夫，自然可以保管你的财物。"

我闭上眼睛，只觉头昏目眩，如沉入无边深渊："那恐怕要让夫君你失望了。"

如此，家中再无宁日。

张汝舟不仅隔三差五向我探询金石下落，还对伶儿威逼利诱，并声称若将此事外扬，定不轻饶。

"姐姐，时至今日，我们不得不信，他是绵里藏针，另有所图，还有，他的眼神好可怕，让我想到了一种动物。"

"什么动物……"

"狼。"

果然，是夜张汝舟再次向我逼问金石之事，我讥讽几句，他便对我拳脚相加。

至此豺狼之心，贼子之相，原形毕露。

不久，伶儿又听到张汝舟与一名贴身小厮对话，方知昔日我病情反复，正是他在药方里动了手脚，他趁我病重，巧舌如簧，虚情假意，成功瞒过所有人，只为图谋我的财物，至于“冲喜”一说，更是子虚乌有。

我咬牙切齿，悔不当初。

昔日若不信谗言便是清白而故，却也好过受凶人蒙骗欺辱，生不如死。

痛定思痛之后，我决定让伶儿趁张汝舟外出时溜出张家，去向远弟求助。

翌日，远弟匆匆带人去接我，张汝舟又换上温和之貌，且抵死不认。

于是，我只能袒露臂上伤痕，向远弟控诉张汝舟暴行，并声称要上讼官府，与其离婚。

既已反目，张汝舟索性卸下伪装，挑眉冷笑道：“我张汝舟不写休书，你李清照永远都只能是我的妻子。再者，依照大宋《刑统》，妻子诉讼丈夫，无论虚实，不管对错，皆须入狱两年，是以，还望娘子三思。”

何须三思？这些日子以来，我受尽欺凌，身心几遭炼狱，又还有什么会比与豺狼共处一室更可怕。纵然入狱两年，但一能严惩贼子，二可换此后清白安宁，有何不可？

期间幸得远弟鼎力相助，继而查找到了张汝舟的另一罪证。

公堂之上，我带着脚镣手铐与凶人当面对质，字字含泪，一告张汝舟居心叵测，乘人之危，骗婚殴打，欺凌弱妻，二告张汝舟早年妄增举数，弄虚入官，欺君罔上。

结果，张汝舟被削官流放，我则与他解除婚姻关系，保全了仅存的金石文物，而我付出的代价便是，身陷囹圄，受万世之讥。

绍兴二年（公元1132年）九月，我在狱中，病体如煎，只能深自省察，默坐诵经，期望物我两忘，一念清净。

“是身如聚沫，不可撮摩。是身如泡，不得久立。是身如焰，从渴爱生。是身如芭蕉，中无有坚。是身如幻，从颠倒起。是身如梦，为虚妄见。是身如影，从业缘现。是身如响，属诸因缘。是身如浮云，须臾变灭。是身如电，念念不住……”

如是我闻，人之肉身本是一场幻觉，一切皆由意念而生，因缘而聚，如此，置身天堂，或堕入地狱，皆在一念之间。一念起，则肉身万象，一念灭，则表里澄澈。

然而我到底是六根未净，诵经之时，又总是想起旧事。

前尘如网，记忆成饵，我甘愿为鱼。

如此，我便也相信每一个人来到世间，都是为了渡劫而来，身陷这一场红尘大梦，我至今尚未真正清醒。

我想起德甫，也曾这般身陷牢狱，孤独无望地挨过一个个痛苦凄寒的日子，想起他出狱后对我说的话，“若不是念及世间尚有你等着我，我又如何能活到今日”。

想起彼时，我曾是一个人生命中的光源——仅此一句，我这一世，便不算潦草地活过。

逝者已矣，生者当如斯。

在我入狱之后，依旧是远弟为我四处奔波打点，于是，仅九日，我即被无罪释放。

出狱那一日，伶儿笑着来接我，待见到我时，却伏在我肩上哭得没心没肺。

当时，路边有稚子嬉玩，老叟秋钓，丽人漫游，处处弥漫着生活的香气，我抬头望向天空，只见白云宛然，碧空如洗，每一缕清风都像是新的一样。

江南忆，最忆是杭州。

山寺月中寻桂子，郡亭枕上看潮头，今日如重游。

远弟告诉我，这次我能提前出狱，还要感激一位贵人施以援手，在皇上面前多有澄清，才免我继续遭受无根之谤，牢狱之苦。

他便是赵家的表亲，当朝翰林学士綦密礼。

我给綦公写了一封答谢信，洋洋千言，只为感戴搭救鸿恩。

清照启：

素习义方，粗明诗礼。近因疾病，欲至膏肓，牛蚁不分，灰钉已具。

尝药虽存弱弟，应门惟有老兵。既尔苍皇，因成造次。信彼如簧之说，惑兹似锦之言。弟既可欺，持官文书来辄信；身几欲死，非玉镜架亦安知？僶俛难言，优柔莫诀，呻吟未定，强以同归。

视听才分，实难共处，忍以桑榆之晚节，配兹驵侩之下才。身既怀臭之可嫌，惟求脱去；彼素抱璧之将往，决欲杀之。遂肆侵凌，日加殴击，可念刘伶之肋，难胜石勒之拳。局天扣地，敢效谈娘之善诉；升堂入室，素非李赤之甘心。

外援难求，自陈何害，岂期末事，乃得上闻。取自宸衷，付之廷尉。被桎梏而置对，同凶丑以陈词。岂惟贾生羞绛灌为伍，何啻老子与韩非同传。但祈脱死，莫望偿金。友凶横者十旬，盖非天降；居囹圄者九日，岂是人为！抵雀捐金，利当安往；将头碎璧，失固可知。实自谬愚，分知狱市。此盖伏遇内翰承旨，搢绅望族，冠盖清流，日下无双，人间第一。奉天克复，本缘陆贽之词；淮蔡底平，实以会昌之诏。哀怜无告，虽未解骖，感戴鸿恩，如真出己。故兹白首，得免丹书。

清照敢不省过知惭，扪心识愧。责全责智，已难逃万世之讥；败德败名，何以见中朝之士。虽南山之竹，岂能穷多口之谈；惟智者之言，可以止无根之谤。高鹏尺鷃，本异升沉；火鼠冰蚕，难同嗜好。达人共悉，童子皆知。愿赐品题，与加湔洗。誓当布衣蔬食，温故知新。再见江山，依旧一瓶一钵；重归畎亩，更须三沐三薰。忝在葭莩，敢兹尘渎。

是年秋，我又搬进了灵隐寺边的小院里。

杭州多木樨，灵隐寺更是遍地桂子，梵音飞香，每逢秋来，满城芳馥，甜腻软糯，恰如江南民风。

而我经历重病，骗婚，入狱，如今重归山寺之下，也终于可以在两鬓飞霜的年岁里平静下来，布衣蔬食，卧看月影，闲读诗书，对着院子里的一瓶一钵，一花一木，惺惺相看，蕴藉浮生。

病起萧萧两鬓华，卧看残月上窗纱。豆蔻连梢煎熟水，莫分茶。

枕上诗书闲处好，门前风景雨来佳。终日向人多酝藉，木犀花。

——《摊破浣溪沙》

如远弟所言，病后调养，需“静”。

我知道，药炉烟里日月长，心静则安。

豆蔻，味辛凉，气清冽，性温和，正好可以连梢煎成熟水服用，以化湿温中，祛除体内寒气。

门前秋雨绵绵，木樨的香气也被打湿了，沉甸甸的，像被装进了一个春瓮里，可保存经年。

我看着伶儿在屋檐下煎水，炉火正旺，泉水沸腾，如松风过耳，簌簌有声，又如潮水皱涨，骇浪击岸。而月白色的豆蔻在伊人的指间跳跃，则是一派笃定从容，她侧身跟我说话：“姐姐，据说煎豆蔻熟水，每次用七个足矣，不可多用，多则香浊。”

我莞尔，微微颔首，不由心生慰藉，只觉那一刻的温情与安然，已胜过分茶的清寂与风雅。

二十七

欲将血泪寄山河，去洒东山一抔土

绍兴三年（公元 1133 年）夏，朝廷意欲委派两位重臣出使金国，前去慰问被囚禁的徽、钦二帝，同时探听金人战策之虚实。

当时金国正持和战离合之策，且金寇凶悍狡诈，“两军交战，不斩来使”之约早已形同虚设……朝堂之上，人人危之。

独有尚书吏部侍郎、端明殿学士、同签枢密院事韩肖胄入奏曰：“大臣各循己见，是和是战皆未有所定论，然而，纵和谈也不过是权宜之计，待他日我大宋国家安强，军声大振，誓当雪此仇耻。如今臣等一去，若半年不返命，必是对方有侵犯之意，还望陛下速速进兵，万不可因臣等在彼地而有任何顾忌。”

如此，韩肖胄得令，与工部尚书胡松年同使金国。

临行前，韩肖胄的母亲文老夫人更是气概不让须眉：“我们韩家世受国恩，当受命即行，切勿以我老为念。”文老夫人遂被皇上称为“贤母”，又加封“荣国夫人”。

是日，远弟来看我，他告诉我朝中所闻，言语之中，尽是青云意。

韩肖胄的曾祖父韩琦、祖父韩忠彦皆是我大宋名相，果然一门忠骨，令人感佩。想那昔日祖父和父亲皆是出自韩相公门下，也曾辉煌一时，只是如今我李氏一族家世沦替，子姓寒微，我又贫病交加，不敢再望公之车尘。

然见此大号令，我亦不能忘言，所谓悲歌可以当泣，远望可以当归，不如就作此古、律诗各一章，以寄拳拳之心，区区之意，还望韩公、胡公北行平安，我大宋河山早日收复：

三年夏六月，天子视朝久。凝旒望南云，垂衣思北狩。

如闻帝若曰，岳牧与群后。贤宁无半千，运已遇阳九。

勿勒燕然铭，勿种金城柳。岂无纯孝臣，识此霜露悲。

何必羹舍肉，便可车载脂。土地非所惜，玉帛如尘泥。

谁当可将命，币厚辞益卑。四岳佥曰俞，臣下帝所知。

中朝第一人，春官有昌黎。身为百夫特，行足万人师。

嘉祐与建中，为政有皋夔。匈奴畏王商，吐蕃尊子仪。

夷狄已破胆，将命公所宜。公拜手稽首，受命白玉墀。

曰臣敢辞难，此亦何等时。家人安足谋，妻子不必辞。

愿奉天地灵，愿奉宗庙威。径持紫泥诏，直入黄龙城。

单于定稽颡，侍子当来迎。仁君方恃信，狂生休请缨。

或取犬马血，与结天日盟。

——《上枢密韩肖胄诗·其一》

胡公清德人所难，谋同德协心志安。

脱衣已被汉恩暖，离歌不道易水寒。

皇天久阴后土湿，雨势未回风势急。

车声辚辚马萧萧，壮士懦夫俱感泣。

闾阎嫠妇亦何知，沥血投书干记室。

夷虏从来性虎狼，不虞预备庸何伤。

衷甲昔时闻楚幕，乘城前日记平凉。

葵丘践土非荒城，勿轻谈士弃儒生。

露布词成马犹倚，崤函关出鸡未鸣。

巧匠何曾弃樗栎，刍荛之言或有益。

不乞隋珠与和璧，只乞乡关新信息。

灵光虽在应萧萧，草中翁仲今何若。

遗氓岂尚种桑麻，残虏如闻保城郭。

嫠家父祖生齐鲁，位下名高人比数。

当时稷下纵谈时，犹记人挥汗成雨。

子孙南渡今几年，飘流遂与流人伍。

欲将血汗寄山河，去洒东山一抔土。

想见皇华过二京，壶浆夹道万人迎。

连昌宫里桃应在，华萼楼前鹊定惊。

但说帝心怜赤子，须知天意念苍生。

圣君大信明知日，长乱何须在屡盟。

——《上枢密韩肖胄诗·其二》

是年冬，韩公历经重重艰难，终于安然归来，遂连夜进宫面圣。方知六年前我大宋被掳的数以万计的皇亲国戚，妃嫔宫娥，技艺工匠，平民百姓，已尽数在非人的折磨中葬身异乡，如今幸存者仅剩百余名……徽、钦二帝在五国城受尽欺辱，徽宗已是风烛之身，钦宗亦时刻盼望我朝忠臣壮士北上救援，并以一腔悔恨哀戚，泣血写下《西江月》：

历代恢文偃武，四方晏粲无虞。奸臣招致北匈奴。

边境年年侵侮。一旦金汤失守，万邦不救銮舆。

我今父子在穹庐。壮士忠臣何处？

在另一阙《西江月》里，钦宗更是表明自己没有争权夺位之心，只盼可以回归故土，辅佐新君，安度余生：

塞雁嗈嗈南去，高飞难寄音书。祇应宗社已丘墟。

愿有真人为主。岭外云藏晓日，眼前路忆平芜。

寒沙风紧泪盈裾。难望燕山归路。

除此之外，韩公带回的第二个消息就是，金人狼子野心从未泯灭，如今虽未南侵，但势必会在他日卷土重来。

于是，我开始为《金石录》撰写后序，期望在太平之时可促成此书版行于世，以飨天下好古博雅者，亦了却德甫生前宏愿：

“右金石录三十卷者何？赵侯德甫所著书也。取上自三代，下迄五季，钟、鼎、甗、鬲、盘、彝、尊、敦之款识，丰碑、大碣，显人、晦士之事迹，凡见于金石刻者二千卷，皆是正伪谬，去取褒贬，上足以合圣人之道，下足以订史氏之失者，皆载之，可谓多矣。

“呜呼，自王播、元载之祸，书画与胡椒无异；长舆、元凯之病，钱癖与传癖何殊。名虽不同，其惑一也。

“余建中辛巳，始归赵氏。时先君作礼部员外郎，丞相时作吏部侍郎。侯年二十一，在太学作学生。赵、李族寒，素贫俭。每朔望谒告出，质衣，取半千钱，步入相国寺，市碑文果实归，相对展玩咀嚼，自谓葛天氏之民也。后二年，出仕宦，便有饭蔬衣练，穷遐方绝域，尽天下古文奇字之志。日就月将，渐益堆积。丞相居政府，亲旧或在馆阁，多有亡诗、逸史，鲁壁、汲冢所未见之书，遂力传写，浸觉有味，不能自已。后或见古今名人书画，一代奇器，亦复脱衣市易。尝记崇宁间，有人持徐熙牡丹图，求钱二十万。当时虽贵家子弟，求二十万钱，岂易得耶。留信宿，计无所出而还之。夫妇相向惋怅者数日……”

笔尖循着岁月，一路细细探访记忆的根须，就像亲历一朵花从含苞，到盛放，再到凋零，最后萎落于尘泥的过程。

彼时，我尚青春，他且年少，花光月影皆为爱的陪衬。

彼时，我们还喜欢说永远，以为世事与人心皆不会改变。

只因彼时，我们轻狂无知，又勇烈无畏，相信命是自己的，运是可控的，却不知生于乱世，每个人都可能成为一条被命运网罗的鱼，身不由己，遍体鳞伤，散发阵阵腥气而无能为力……

所以，我想我们思念往事，感怀故人，不是为了重返如花的容颜，如玉的肉身，而是为了祭奠那一段悄然远逝又不可重来的光阴。

人生在世，朝如青丝暮成雪，我们每一个人，都是记忆的未亡人。

二十八

人生，是一场落子无悔的博弈

绍兴四年（公元 1134 年）秋，金寇集合伪齐再次南侵。

十月，淮河之上传来警报，江浙一带方寸大乱。有人从东边逃向西边，有人自南边跑到北边，之前居住在山林的人打算进入城市，居住在城市里的人又躲进了深山，到处杂乱无章，惶恐流徙，却没有人知道哪里才是安全之地。

如此，经过商议，决计由我携伶儿及迒弟家眷乘船沿富春江逆流而上，前往金华躲避战乱。

一路上，风烟俱净，水天共色，碧波如洗，苍木夹岸，白云如飞絮挂在山峦之巅，夜间则有秋月扑面，清辉勾勒出高远幽旷的山水轮廓。

“云山苍苍，江水泱泱；先生之风，山高水长。”东汉高士严子陵就曾隐居于此富春江畔，躬耕山林，渔樵以终。

据史书记载，严子陵少有高名，与刘秀同游学，又助刘秀起兵。刘秀即帝位后，征召严子陵为谏议大臣，却屡遭拒绝。后严子陵埋名隐居，刘秀思贤念旧，遣人三顾富春江，终是将其接至洛阳叙旧。在刘秀宫中，两人又同榻而卧，抵足而眠。一日，严子陵睡熟后把脚压在刘秀腹部，第二天便有太史奏告，称客星冲犯帝座。刘秀笑道："客星乃严子陵是也。"

巨舰只缘因利往，扁舟亦是为名来。

往来有愧先生德，特地通宵过钓台。

——《钓台》

是夜，我们船过严子陵钓台，只见前有巨舰，后有扁舟，在江面上往来穿梭，承载着无数疲于奔亡的肉身，以及名利所向的心，不禁一时感触，写下一首《钓台》，慕先生高节，也慕那个清宁开明的朝代。

而庸碌如我，置身乱离，到底是不能免俗。在喧嚣纷芜的人世里，我不慕浮名，不贪虚利，却如此眷恋这烟火红尘中的温情与旖旎。

在金华，我们择居于城南的一户人家，那里临双溪不远，未染角声狼烟，风景清丽，民风亦淳朴天然，若不是战火步步紧逼，倒算得上是一处绝佳的遁世之地。

待我们一行人安顿完毕，转瞬已至十一月，是时寒风乍起，草木凋敝，又到了围炉烫酒，囤积冬粮的季节。

于是想起东京旧事，也是这般节序，大雁南飞，万物纳藏，人们相约着备办饮食，更易新衣，祭祀先祖，围炉夜话，暖意融融地迎接年节。

而儿时读书之余，我最喜欢的便是与家人一起博戏。

据我所知，博戏有长行、叶子、博塞、弹棋之类，也有打揭、大小、猪窝、族鬼、胡画、数仓、赌快之类，还有藏酒、摴蒲、双蹙融之类，以及选仙、加减、插关火之类，或是大小象戏、奕棋之类，但这些博戏要么日久失传，要么太过鄙俚，近渐废绝，要么太过直白，无法施展智慧，要么就是有人数的限制，只能两个人一起。

独有打马，谓之博弈上流，可饭后余兴，可闺中雅戏。

打马乃争先之戏，各家以棋子为“马”，依照图经规则，于棋盘之内布阵设局，进攻防守，闯关过堑，纵横捭阖……每局又以袭敌之绩定赏罚输赢。

打马本流传有二：一种一将十马，谓之关西马；一种无将二十四马，谓之依经。这两种打马流传的时间都很长，各有图经可供参考，其中的规则与赏罚也各不相同。但到了宣和年间，又有人将这两种打马规则参杂加减，称之为宣和马，但输赢多凭运气，古意已荡然无存。

我独爱依经马，于是在闲暇之时重新研究了一下它的赏罚规则，然后给每条规则备注上心得与例论，集合成《打马图经》十三项例论：

一、“铺盆例”论

既先设席，岂惮攫金。便请着鞭，谨令编埒。罚而必罚，已从约法之三章；赏必有功，勿效绕床之大叫。

二、“本采例”论

公车射策之初，记其甲乙；神武挂冠之日，定彼去留。汝其有始有终，我则无偏无党。

三、“下马例”论

夫劳多者，赏必厚；施重者，报必深。或再见而取十官，或一门而列三戟。又昔人君每有赐，臣下必先乘马焉。秦穆公悔赦孟明，解左骖而赠之是也。丰功重锡，尔自取之，予何厚薄焉？

四、“行马例”论之一

九阳数也，故数九而立窝；窝险涂也，故入窝而必赏。既能据险，以一当千；便可成功，寡能敌众。请回后骑，以避先登。

五、“行马例”论之二

行百里者半九十，汝其知乎？方兹万勒争先，千羁竞轶。得其中道，止于半途。如能叠骑先驰，方许后来继进。既施薄效，须稍旌甄。

六、“行马例”论之三

万马无声，恐是衔枚之后；千蹄不动，疑乎立仗之时。如能翠幕张油，黄扉启印；雁归沙漠，花发武陵。歌筵之小板初齐，天发之流星暂聚。或受彼罚，或旌己劳。或当谢事之时，复过出身之数。语曰：邻之薄，家之厚也。以此始者，以此终乎。皆得成功，俱无后悔。

七、“打马例”论之一

众寡不敌，其谁可当；成败有时，夫复何恨。若往而旋返，有同虞国之留；或去亦无伤，有类塞翁之失。欲刷孟明五败之耻，好求曹刿一旦之功。其勉后图，我不弃汝。

八、“打马例”论之二

赵帜皆张，楚歌尽起。取功定霸，一举而成。方西邻责言，岂可蚁封共处；既南风不竞，固难金埒同居。便请回鞭，不须恋厩。

九、“打马例”论之三

亏于一篑，败此垂成。久伏盐车，方登峻坂；岂期一蹶，遂失长途。恨群马之皆空，忿前功之尽弃。素蒙剪拂，不弃驽骀；愿守门阑，再从驱策。溯风骧首，已伤今日之障泥；恋主衔恩，更蜀待明年之春草。

十、“倒行例”论

唯敌是求，唯险是据。后骑欲来，前马反顾。既将有为，退亦何害？语不云乎：日暮途远，故倒行而逆施之也。

十一、“入夹例”论

昔晋襄公以二陵而胜者，李亚子以夹寨而兴者，祸福依伏，其何可知。汝其勉之，当取大捷。

十二、“落堑例”论

凛凛临危，正欲腾骧而去；骎骎遇伏，忽惊阱堑之投。项羽之骓，方悲不逝；玄德之骑，已出如飞。既胜以奇，当旌其异，请同凡例，亦倒全盆。

十三、“倒盆例”论

瑶池宴罢，骐骥皆归。大宛凯旋，龙媒并入。已穷长路，安用挥鞭？未赐弊帷，尤宜报主。骥虽伏枥，万里之志常存；国正求贤，千金之骨不弃。定收老马，欲取奇驹。既以解骖，请拜三年之赐；如图再战，愿成他日之功。

如此，我又让子侄们依照例论绘制了一幅《打马图经》。这不仅在博戏时大有用处，而且对于喜欢打马的人来说，也不失为一件美事。若得流传百世，后人溯本求源，也当知晓，命辞打马，乃是始自易安居士。

秋冬时节，夜长烛明，不如打马。

通常，我与侄儿相对而坐，弟媳与侄女相对而坐，伶儿有时也会参与其中，所谓漂泊中求安然，苦难中求欢乐，乱离之世中求千金之骨，求万里之志，求他日之功，尽在此方寸棋局之间。

而纵观一生，我自学习博戏以来，还从未输过，但不知为何，总有一种求败而不得的寂寞。

一如此刻，棋局散尽，夜深入髓，对着案上清冷的烛花，总感觉到蚀骨的孤独。

或许，除却家国之恨，流离之忧，应该还有一份属于爱情的怅憾吧。

人生如博弈，讲究的便是一个落子无悔，不惧输赢，荣枯随心，尽情尽兴。

这也是博戏教给我的道理。

不过，遗憾的是，世人称我大宋词女，赞我惊才绝艳，却不见我孤身入红尘，空有飞蛾扑火的铿锵，细水长流的温柔，却在爱情的世界里，从未棋逢对手。

二十九

风住尘香花已尽

绍兴五年（公元 1135 年）的春天，我在金华小院外经常遇见一只白鹤。

它有时在溪边停驻，有时在花树下小憩，有时则在清晨的薄雾中翩翩起舞。

一次，暮色如轻纱一般覆盖在大地上，山边浮现出一轮朦胧的新月，溪边的桃花一瓣一瓣亲吻着水面，我在檐下刚好坐尽了一个漫长的黄昏，它又出现了。

它站在我的门外，像是一位故人，风神洒然，白衣胜雪，洞悉我全部的孤独，清凉的翅羽划过我的眼神，试图用往事相度。

而这个春天，空有回忆如酒，诗词如画，我鬓上花已残，五尺肉身被疲倦裹挟，拆掉一身痴骨酿成的酒，也无法了却一生的忧。

物是人非事事休，欲语泪先流。

只有少年的眼泪才是轻舟已过万重山，如今迟暮如我，却是一个一次又一次在自己的内心被愁绪绊倒的人。

风柔日薄春犹早，夹衫乍著心情好。睡起觉微寒，梅花鬓上残。
故乡何处是？忘了除非醉。沈水卧时烧，香消酒未消。
——《菩萨蛮》

避难金华之前，听闻皇上正御驾亲征，加之岳家军已为我大宋收复了襄阳六郡，我本以为收复中原有望，而不久前远弟却在家书中告知我，皇上议和之意已定，那一刻，我便知道，我这一生，应是再也看不到北归之日。

是年暮春，徽宗不堪折磨在五国城驾崩，闭眼时仅草席裹身。

皇上跪北痛哭，悲哀之余，则愈发忧心其生母宣和皇后的处境。“朕有天下，而养不及亲，徽宗无及矣。今立信誓，明言归我太后，朕不耻和。”数年后，这句话又成了他向金国屈己求和的堂皇理由，继而为以“莫须有”之罪杀害岳飞埋下了隐因。

风住尘香花已尽，日晚倦梳头。物是人非事事休，欲语泪先流。
闻说双溪春尚好，也拟泛轻舟。只恐双溪舴艋舟，载不动，许多愁。
——《武陵春·春晚》

绍兴八年（公元 1138 年），朝廷下令定都杭州，并改临安，自此山水百里皆皇城。

是时，我正借居在临安余杭门外的西马塍，静下心来，便可卧听西子湖的棹歌与风声。

相传吴越王钱镠曾令人在此养马，盛况达三万余匹，故称马海，又名“马塍”。只是相隔数百年之后，此地早已看不到万马奔腾的景象，便成了皇城内外独一无二的花柳繁华之地，春有芍药，夏有莲荷，秋有木樨，冬有水仙，一年四季，芳馥不败。每逢晴好之日，则有稚子传唱一支温情馨香的《陌上花》童谣，其声清脆，其思旖旎，字字触动人心。

钱镠出身清寒，半生戎马定河山，功成名就之后却依旧不忘旧恩，待发妻庄穆夫人如少年初心。庄穆夫人每年春天都会回临安省亲，钱镠则每年春思宛转。又一年春天，庄穆夫人久去未归，一直到春色迟暮，陌上花似锦。钱镠候妻不至，便派人去探询，得知夫人一切平安，只因心念故地之后，他又差人送去一封八百里加急，信上却只言：“陌上花开，可缓缓归矣。”

是这般的铁骨柔情百媚生。

而风住尘香花已尽，柔情于我，亦是曾经沧海，但在阳光照耀众生之时，童谣飞入院墙划过耳际之时，我还是会忍不住神思缱绻——昔有一人，如美景良辰，曾赠与我最好的爱情与梦境。

可惜彼时的我尚不能参透，所谓最好的爱情，不是弱水三千只取一瓢，不是拱手河山讨卿欢，不是花光月影宜相照，而是无论富贵贫穷，坦途逆境，始终有一个人对你温柔相待，并甘愿用尽一生。

落日熔金，暮云合璧，人在何处？
染柳烟浓，吹梅笛怨，春意知几许？
元宵佳节，融和天气，次第岂无风雨。
来相召，香车宝马，谢他酒朋诗侣。
中州盛日，闺门多暇，记得偏重三五。
铺翠冠儿，捻金雪柳，簇带争济楚。
如今憔悴，风鬟雾鬓，怕见夜间出去。
不如向，帘儿底下，听人笑语。

——《永遇乐》

绍兴十七年（公元1147年）正月，一场风寒带走了伶儿，也带走了我半条命。

从此，我便孤身一人活在世上，风鬟雾鬓，憔悴余生。

只是免不了会常念京洛旧事。

还记得第一次见到伶儿，她在寒风中瑟瑟发抖的样子，父亲拉起她的手，将她带到我的身边，她仰脸望着我，一双眸子干净又怯懦，声音弱弱地喊“姐姐”。

还记得许多年前的元宵佳节，我们拉着手在御街上奔跑，如两条畅游在人海中的鱼，而两廊下则奇术异能，歌舞百戏，鳞鳞相切，花灯乐声十余里，延绵如浪涛。

还记得那年早春，我的大婚之日，有竹堂窗外的梅花一夜绽放，伶儿在晨曦中折下最新鲜的一朵为我簪戴在发髻上，并附耳相告："姐姐，你一定是东京城内最美的新娘。"

还记得彼时我从狱中出来，门前秋雨绵绵，伶儿在屋檐下为我用豆蔻煎水，十指纤纤，面容沉静，那一刻我心底生出的笃定与安然……

便免不了在雨打芭蕉，夜梦阑珊之时，轻唤一声"伶儿"，只疑心身处有竹堂中，夜听雨点砸落在树梢的清凉与酣畅，然后又陡然清醒，兀自伤心，需要面对环顾周遭，空无一人的岑寂，以及北归无望的凄冷。

窗前谁种芭蕉树，阴满中庭。阴满中庭，叶叶心心，舒卷有馀清。
伤心枕上三更雨，点滴霖霪。点滴霖霪，愁损北人，不惯起来听。

——《添字丑奴儿》

思念故人，郁郁累累。

欲归家无人，欲渡河无船，心思不能言，肠中车轮转。

在这样的凄冷中，我亦常感时日无多。

德甫《金石录》一事我一直放心不下，于是，我先后两次拜谒米芾之子米友仁先生，请他为德甫之前收藏的两幅字帖题跋，这也曾是德甫生前未偿的夙愿。

不久后，我又将整理勘校的《金石录》全册完好无缺地交付给远在泉州的思诚大哥，请其代为保管，并期盼有朝一日可刊行于世，流传千古。若德甫泉下有知，也不枉我流离多年，以命相护的一腔情思。

绍兴二十五年（公元 1155 年）春，我七十一岁，一个人，白发三千。

每逢晴日，我便会到西子湖畔，或看梅花，或赏桂子，或观十里风荷，然后就着一碗粗茶，听上几段前世今生的故事。

有时，会听到苏东坡先生与名妓琴操的风月旧事。

昔日苏先生任杭州太守，为琴操赎身后，琴操以琴传情，百年难得一闻。一日，两人泛舟湖上，苏先生以诗劝琴操从良，怎知一语惊醒梦中人。琴操云："谢学士，醒黄粱，世事升沉梦一场。奴也不愿苦从良，奴也不愿乐从良，从今念佛往西方。"自此削发为尼，前往玲珑山修行，再不问红尘事。数年后，苏先生被贬儋州，生死未卜，琴操闻之竟心神俱碎，几日后便香消玉殒。

每次听到此处，路人皆扼腕。

我亦叹息，或许只有青灯古佛知晓，琴操自始至终都从未参禅，更无顿悟，所谓修行，也不过是她梦碎之后为保全颜面的一条退路而已。而最后，她连念想那一条退路都断了。真是可惜了那一曲西湖绝响，苏先生聪明一世，竟不愿听明白……

有时，也会听到林和靖先生“梅妻鹤子”的隐逸往事。

林逋先生幼时刻苦好学，通晓经史百家，却性孤高自好，喜恬淡，勿趋荣利。成年后，林先生漫游江淮间，尽览湖光山色之美，后来便隐居西子湖畔，拒不出仕，结庐孤山，植梅养鹤，常驾小舟遍游西湖诸寺庙，与高僧诗友相往还。每逢客至，童子便纵鹤为信，林先生见鹤必棹舟归来。

天圣六年（公元1028年），林先生卒于孤山，仁宗赐谥号“和靖先生”，而他以梅为妻，以鹤为子的隐逸往事，也自此在世间口耳相传。

相传林先生作诗喜好随就随弃，从不留存，但我依旧记得，那一首《山园小梅》，“疏影横斜水清浅，暗香浮动月黄昏”，只此一句，便可引为知己。

有时，还会听到“大宋词女”的情花光阴。

而我坐在那里，却像在听别人的故事，其中许多的情节，都已真伪难辩。

我亦无力辩驳。

我老了，已经活了七十一年，但我相信，只要有《漱玉集》传世，那些落纸无悔的诗词便是最好的说书人，可将我那为爱成痴的岁月，无怨无悔的年华，昭告天下。

我知道，爱情不是画在心底的痣，而是刻在骨头里的词，即便有一天，肉身腐烂，灵魂化羽，那一把孤瘦的骨头也会记得，当初相遇相守的甜蜜与璀璨，后来相离相伤的绝望与疼痛。

我也知道，我的命运之轮即将停止转动。它曾赐予我花光照人、良辰美景的筵席，也曾让我堕入相思的地狱，爱情的深渊，国仇家恨的泥淖。幸而有文字，可供记忆结绳，可供我落魄受伤之时，攥紧这柔韧的线索，从最深的苦寒中把自己打捞上来，然后提着一口气，清冷又孤独地走到此刻。

而此刻，相隔二十年之后，我又见到了那只白鹤，它站在一方青石之上，依旧羽翼如皓月。

一切犹如某种神秘的召唤。

我来孤山访梅，在林和靖先生种下的那株老梅树下，我与白鹤对视，抖尽记忆里的尘埃，以及世间纷纷扬扬的情爱，复归于婴孩。

七十一年前，我便是在这样的潋滟春阳中降落尘世。

想那年少之时未经世事，我只愿得父亲一个“真”字，母亲一个“静”字。后来在爱中几经沉浮，我又以为，这一生都绕不过一个“情”字。

如今，躺在孤山的梅花树下，我又想起新婚之前，汴河边的青衫小道曾赠送给我一支命签，乃是一个“孤”字。

通常，我喜欢透过一个人的眼睛去揣摩对方的内心，彼时，我更不甘心自己的一生被人一语道破，便一时顽劣，伸手去揭他的面具，却发现他的脸上，是一双枯眼。

而这一刻，我透过白鹤的眼神，也终于明白，对于孤山，我不是过客，我是归人。

或许，此处便是我肉身的长眠之地。

易安心事几人知？

但问孤山一朵梅。

于是，在梅花树下，白鹤身边，我手持一本《漱玉集》，缓缓阖上了双目。

赠品

漱玉集

李清照 著
纪云裳 译

目录

如梦令·酒兴 / 001
浣溪沙 / 002
如梦令·春景 / 003
浣溪沙 / 004
点绛唇·秋千 / 005
怨王孙·赏荷 / 006
减字木兰花 / 007
渔家傲 / 008
庆清朝慢 / 009
玉楼春·红梅 / 010
行香子 / 011
摊破浣溪沙·桂花 / 012
鹧鸪天·桂花 / 013

蝶恋花 / 027
蝶恋花·晚止昌东馆寄姊妹 / 028
蝶恋花·上巳召亲族 / 029
菩萨蛮 / 030
临江仙 / 031
临江仙·梅 / 032
南歌子 / 033
鹧鸪天 / 034
忆秦娥·咏桐 / 035
声声慢 / 036
浣溪沙 / 037
孤雁儿 / 038
渔家傲 / 039

一剪梅 / 014
行香子·七夕 / 015
醉花阴·重阳 / 016
满庭芳·残梅 / 017
小重山 / 018
多丽·咏白菊 / 019
浣溪沙·春景 / 021
新荷叶 / 022
木兰花令 / 023
念奴娇·春思 / 024
点绛唇·闺思 / 025
凤凰台上忆吹箫 / 026

诉衷情 / 040
好事近 / 041
摊破浣溪沙 / 042
清平乐 / 043
菩萨蛮 / 044
武陵春·春晚 / 045
永遇乐·元宵 / 046
添字丑奴儿 / 047

如梦令·酒兴

常记溪亭日暮，沉醉不知归路。兴尽晚回舟，误入藕花深处。争渡，争渡，惊起一滩鸥鹭。

新译：

经常会想起溪亭的日暮，沉醉在美景中，忘记了回家的路。待兴致阑珊想返回时，却不经意将小舟划进了荷花深处。如何出去呢，如何出去呢，桨声搅动水波，惊飞了滩边的沙鸥与白鹭。

浣溪沙

淡荡春光寒食天，玉炉沉水袅残烟。梦回山枕隐花钿。
海燕未来人斗草，江梅已过柳生绵。黄昏疏雨湿秋千。

新译：

寒食时节，春光明媚荡漾，玉炉中的沉水香即将燃尽，一缕残烟正在空气中袅绕着。午梦一场醒来，额上的花钿已掉落在枕边。

是时燕子还未从南方归来，窗外隐约传来了斗草的声音，江梅的花期已经过去了，柳絮开始在风中纷扬。黄昏时分，一场小雨打湿了秋千架，也打湿了我的心。

如梦令·春景

昨夜雨疏风骤，浓睡不消残酒。试问卷帘人，却道海棠依旧。知否，知否，应是绿肥红瘦。

新译：

昨夜雨下得稀疏，风却迅疾凶猛，经过一夜的酣睡，沉沉的醉意依旧未能全部消散。于是轻声问侍女：“院中海棠花可有受损？”侍女道：“与昨日一样好。”“你可知，你可知，经历一场风雨，海棠应是枝叶繁盛，花朵零落了呀。”

浣溪沙

绣面芙蓉一笑开，斜飞宝鸭衬香腮。眼波才动被人猜。

一面风情深有韵，半笺娇恨寄幽怀。月移花影约重来。

新译：

她的面容如芙蓉，笑起来的时候，就好比芙蓉在盛开，云鬓上斜斜地簪戴着一支宝钗，映衬着她的香腮。她那流动的眼波就像一个美丽的秘密。

或许是爱情为她的面容增添了无尽的风韵，纸短情长更写不尽缠绵幽深的少女情怀。月光爬上夜空，花影静静地移动，约会时可不要忘记许下重逢的日期。

点绛唇·秋千

蹴罢秋千，起来慵整纤纤手。露浓花瘦，薄汗轻衣透。

见客入来，袜刬金钗溜。和羞走，倚门回首，却把青梅嗅。

新译：

荡完了秋千，慵懒着用纤手整理好衣裙，发现身边的花枝还挂着隔夜的露珠，而薄汗已经濡湿了贴身的罗衣。

这时，突然有客人到来，让她一阵慌乱，竟忘记了穿鞋就急忙跑开，连发髻上的金钗也滑落了下来。她不由得羞红了脸。跑到门边时，她忍不住回头相看，又怕被人发现，便装作在嗅门前的青梅。

怨王孙·赏荷

湖上风来波浩渺，秋已暮、红稀香少。水光山色与人亲，说不尽、无穷好。

莲子已成荷叶老，青露洗、蘋花汀草。眠沙鸥鹭不回头，似也恨、人归早。

新译：

有风来时，湖上烟波浩渺，已是深秋季节，荷花将近全部凋零，薄薄的香气飘荡在风中。这里的水光山色，总让人感到亲切和无尽的美好。

莲子已经成熟了，荷叶便开始枯萎，只有那些被露水润泽的蘋花与水草，依旧还青翠如洗。在沙滩上憩息的沙鸥与白鹭们将头埋在翅膀里，仿佛在埋怨游人早早归去。

减字木兰花

卖花担上，买得一枝春欲放。泪染轻匀，犹带彤霞晓露痕。
怕郎猜道，奴面不如花面好。云鬓斜簪，徒要教郎比并看。

新译：

在卖花人的担子上，选了一枝含苞欲放的花。那花上还带着点点的朝露，一如美人脸上的胭脂被泪痕打湿，是如此惹人怜爱。

我真是有些担心，夫君会觉得我的容颜不及此花了。于是将这花枝簪戴在云鬓上，让夫君看看是花更好看，还是我更好看。

渔家傲

雪里已知春信至，寒梅点缀琼枝腻。香脸半开娇旖旎，当庭际，玉人浴出新妆洗。

造化可能偏有意，故教明月玲珑地。共赏金樽沉绿蚁，莫辞醉，此花不与群花比。

新译：

皑皑白雪，银装素裹，玉树琼枝，晶莹剔透的寒梅正是最初绽放的春意。这些半开的梅花就像刚梳妆完毕的玉人，带着旖旎的风情。

真是天地有大美，造物主又对梅花格外偏爱，才让其出落得这般玲珑如月。赏梅时最宜绿蚁酒，且值得沉醉，毕竟梅花相比于其他的花，有着别样幽独清傲的品格。

庆清朝慢

禁幄低张，彤栏巧护，就中独占残春。容华淡竚，绰约俱见天真。待得群花过后，一番风露晓妆新。娇娆艳态，妒风笑月，长殢东君。

东城边，南陌上，正日烘池馆，竞走香轮。绮筵散日，谁人可继芳尘？更好明光宫殿，几枝先近日边匀。金樽倒，拚了尽烛，不管黄昏。

新译：

宫禁中，护花帷幕低垂，精巧栏杆围护，只为那独在晚春时节盛放的花。这种花容颜淡雅，亭亭玉立，风姿婉约清纯。每年待到群花萎谢之后，她才会在风雨与朝露之中盛开，如美人梳洗装扮一新。它从娇美清艳的姿态，戏弄春风，嘲笑春月，尽情引逗着司管春天的神君。

东城、南陌的阳光非常好，太阳暖暖地烘照着亭台池馆，去这里观赏牡丹的车队川流不息。只是这一场繁花的盛筵结束之后，还有什么花可以开出这样的芬芳盛景呢？而最好的牡丹则是栽种在明光宫苑之内，有几枝正向阳而开。赏牡丹岂能不醉酒，日光将西，烛火将尽也无妨。

玉楼春·红梅

红酥肯放琼苞碎，探著南枝开遍未？不知酝藉几多香，但见包藏无限意。

道人憔悴春窗底，闷损阑干愁不倚。要来小酌便来休，未必明朝风不起。

新译：

那一树红润如酥，冰肌如玉的梅花还在含苞，没有遍开吗？那含而不露的香气不知有多少，但我知道，一定包含了欲说还休的无限情意。

只道是憔悴的人独立在春窗下，一颗心被苦闷和愁绪占据着，忘记了倚靠栏杆。要来小酌就请来吧，说不定明天这些花就被狂风吹落了。

行香子

天与秋光，转转情伤，探金英知近重阳。薄衣初试，绿蚁初尝。渐一番风，一番雨，一番凉。

黄昏院落，凄凄惶惶，酒醒时往事愁。那堪永夜，明月空床。闻砧声捣，蛩声细，漏声长。

新译：

秋天的天气反复无常，令人心思波动，情绪伤感，看到菊花盛开，就知道重阳即将到来。且披上薄薄的外衣，品尝绿蚁酒，看着窗外的天气变幻，一下秋风，一下秋雨，一下秋凉。

黄昏时分的院落，给人带来凄凉不安的感觉，醉酒之后，往事也渐渐清晰，让人更生忧愁。又要如何度过这月光照耀空床的漫漫长夜呢？我问那一阵阵的捣衣声，回答我的，却只有那细细的蟋蟀叫声和绵长的滴漏之声。

摊破浣溪沙·桂花

揉破黄金万点轻，剪成碧玉叶层层。风度精神如彦辅，大鲜明。

梅蕊重重何俗甚，丁香千结苦粗生。熏透愁人千里梦，却无情。

新译：

细细密密的桂花，就像揉碎的黄金，轻轻洒落在树叶间，那些树叶层层叠叠，又像是用碧玉剪成的一样。风度精神就如同晋代名士王衍、乐广一样，清逸，大气，明朗。

跟桂花比起来，重瓣的梅花显得有些俗气，千结丛生簇拥在一起的丁香也太过凄苦。只是桂花的香气太浓郁了，唤醒了忧愁之人的美梦，未免有些无情。

鹧鸪天·桂花

暗淡轻黄体性柔。情疏迹远只香留。何须浅碧深红色，自是花中第一流。

梅定妒，菊应羞。画阑开处冠中秋。骚人可煞无情思，何事当年不见收。

新译：

这一树桂花是浅黄色的，花蕊藏在暗淡的枝叶间，显得有些柔弱。它情怀疏淡，远离尘嚣，只给人间留下芬芳的香气。它不须要用明艳的颜色来取悦人，就已经是花中之冠了。

想那梅花一定是妒忌的吧，菊花也应该会在它面前害羞，中秋时节，她是首屈一指的花。真是替屈原感到遗憾呀，当年他写《离骚》，却不知因为何事而没有收录桂花。

一剪梅

红藕香残玉簟秋。轻解罗裳，独上兰舟。云中谁寄锦书来？雁字回时，月满西楼。

花自飘零水自流。一种相思，两处闲愁。此情无计可消除，才下眉头，却上心头。

新译：

荷花已经渐渐凋谢了，香息残留在空气中，竹席之上已经有了清凉的秋意。睡在竹席上，已有了一些凉意。轻轻地提着裙裾，一个人登上小舟，望着天上的浮云出神，想着谁会寄我书信呢？大雁排着“人”字回来时，月亮已经挂到了西楼之上。

荷花花瓣飘落在水面上，水面自顾自地流淌着。分离的情人，一样的相思，牵动着两地的忧愁。这相思之情实在没有办法消除，即便强作欢笑，也会涌上心头。

行香子·七夕

草际鸣蛩，惊落梧桐，正人间、天上愁浓。云阶月地，关锁千重。纵浮槎来，浮槎去，不相逢。

星桥鹊驾，经年才见，想离情、别恨难穷。牵牛织女，莫是离中。甚霎儿晴，霎儿雨，霎儿风。

新译：

草丛中蟋蟀的鸣叫，惊落了桐叶树叶，这正是人间天上，各自愁浓的节气。天宫以月为地，以云为阶，重重关锁，即使有浮槎可连接天地，也不能让织女和牵牛相逢。

银河之上，鹊桥一年才搭建一次，积累了一年的离情别恨又如何能够全部消散呢。牛郎织女莫不是仍未相聚吧。这天气一会儿晴，一会儿雨，一会儿风，怕是又要阻碍牵牛和织女相会了。

醉花阴·重阳

薄雾浓云愁永昼，瑞脑销金兽。佳节又重阳，玉枕纱厨，半夜凉初透。

东篱把酒黄昏后，有暗香盈袖。莫道不销魂，帘卷西风，人比黄花瘦。

新译：

薄雾弥漫，浓云黯淡，金兽香炉中的瑞脑香焚烧着，一天都是愁绪满心。又到了重阳佳节，睡在纱帐中，夜半时分已经能感到深深的凉意。

黄昏后对菊饮酒，清淡的香气盈满衣袖。不要说不让人黯然魂销，西风吹动帘幕，那忧愁的人比菊花还要清瘦。

满庭芳·残梅

小阁藏春，闲窗锁昼，画堂无限深幽。篆香烧尽，日影下帘钩。手种江梅渐好，又何必、临水登楼。无人到，寂寥浑似，何逊在扬州。

从来知韵胜，难堪雨藉，不耐风揉。更谁家横笛，吹动浓愁。莫恨香消雪减，须信道、扫迹情留。难言处，良宵淡月，疏影尚风流。

新译：

阁楼蕴藏着春意，一窗光阴清好悠闲，精致美丽的房间里散发着深幽的韵味。篆香已经烧尽了，夕阳的余晖也落下了帘钩。那一株我亲手栽种的江梅开得愈发美丽，又何必去追逐临水登楼的风情呢？没有人到来，我心头的寂寥，就像当年诗人何逊在扬州对着梅花怜惜一样。

梅花向来以韵致取胜，难以禁受雨打风吹。更何况，还有人吹笛弄愁，惹得片片花落。也不要埋怨纷纷如雪、香消玉殒的落花，要相信，虽然枝头花朵已踪迹难寻，但情意会长久留存。不如就怀着满腹难以言说的心事，赏这良辰美景，淡淡月光，疏影横斜的梅枝吧。

小重山

春到长门春草青。江梅些子破，未开匀。碧云笼碾玉成尘。留晓梦，惊破一瓯春。

花影压重门，疏帘铺淡月，好黄昏。二年三度负东君。归来也，著意过今春。

新译：

春天已到长门宫外，青草遍地。梅花才绽开少许，尚未树树开遍。取出茶团，碾碎的茶末如碎碎的碧玉。留恋拂晓时分的好梦，却被这一瓯春茶唤醒。

花影掩映着重重门户，稀疏的帘幕铺陈着清淡的月影，真是一个美好的黄昏。而我已经两年三次辜负了春风。如今归来了，定要好好品味今年的春意。

多丽·咏白菊

小楼寒，夜长帘幕低垂。恨萧萧、无情风雨，夜来揉损琼肌。也不似、贵妃醉脸，也不似、孙寿愁眉。韩令偷香，徐娘傅粉，莫将比拟未新奇。细看取、屈平陶令，风韵正相宜。微风起，清芬酝藉，不减酴醾。

渐秋阑、雪清玉瘦，向人无限依依。似愁凝、汉皋解佩，似泪洒、纨扇题诗。朗月清风，浓烟暗雨，天教憔悴度芳姿。纵爱惜、不知从此，留得几多时？人情好，何须更忆，泽畔东篱。

新译：

夜间放下帘幕，小楼上依旧难抵寒意。那潇潇风雨真是无情，在这样的夜间摧残如玉的白菊。白菊不似杨贵妃那般雍容华贵，也不似孙寿那般故作哀愁。韩令偷香的风流，徐娘傅粉的幽怨，都不及白菊的清新独特。细细相看，也只有屈原和陶渊明的风韵，与之相比才适宜。微风拂来，白菊别具一格的清香，就像一杯酴醾酒令人微醺。

秋天将尽，白菊愈发显得冰肌玉骨，似流露出无限依恋的惜别情怀。它的无尽凝愁，就像当初汉皋解佩那般不舍，班婕妤纨扇题诗那般忧愁。只是这天气偶尔明月清风，偶尔又浓雾冷雨，白菊芳姿只能日益憔悴。我纵然爱惜，但也不知还能与其相处多久。好在世人都懂得白菊的好，便不用再去羡慕屈原与陶渊明对菊花的情感了。

浣溪沙·春景

小院闲窗春已深，重帘未卷影沉沉。倚楼无语理瑶琴。

远岫出山催薄暮，细风吹雨弄轻阴。梨花欲谢恐难禁。

新译：

窗外小院的春色已经极为幽深，帘幕重重低垂，闺阁之内光影暗沉。倚着楼，不想言语，只把一腔心事诉与瑶琴。

远山上云雾蒸腾，暮霭即将降临，微风吹拂着雨丝，天色又变得阴暗起来。那一树欲谢的梨花怕是再也禁不起风吹雨打。

新荷叶

薄露初零，长宵共、永昼分停。绕水楼台，高耸万丈蓬瀛。芝兰为寿，相辉映、簪笏盈庭。花柔玉净，捧觞别有娉婷。

鹤瘦松青，精神与、秋月争明。德行文章，素驰日下声名。东山高蹈，虽卿相、不足为荣。安石须起，要苏天下苍生。

新译：

正是薄露初降的秋分时节。寿宴开办在楼阁深处，高朋亲友、当地官员皆来祝寿，侍女们以纤纤皓腕捧着佳酿，别有一番美好。

希望您延年益寿，体魄健康，精神明亮，您的德行与文章，素来在京城具有声名。您如今隐居东山，就像当初的谢安一样，朝中卿相也不能与之比肩。为了天下苍生，还请您一定要挺身出任。

木兰花令

沉水香消人悄悄，楼上朝来寒料峭。春生南浦水微波，雪满东山风未扫。

金樽莫诉连壶倒，卷起重帘留晚照。为君欲去更凭栏，人意不如山色好。

新译：

沉水香已经燃尽，清晨，我一个人徘徊楼上，只觉天气愈发寒冷。河水已经被春意解冻，但东山上的白雪尚未被春风消融。

借酒消愁，干脆以壶代杯，卷起帘幕来，让夕阳照进房间。只因夫君又将远去，我凭栏远望，只觉那皑皑的山色更懂我的冷清。

念奴娇·春思

萧条庭院，又斜风细雨，重门须闭。宠柳娇花寒食近，种种恼人天气。险韵诗成，扶头酒醒，别是闲滋味。征鸿过尽，万千心事难寄。

楼上几日春寒，帘垂四面，玉阑干慵倚。被冷香消新梦觉，不许愁人不起。清露晨流，新桐初引，多少游春意。日高烟敛，更看今日晴未？

新译：

萧条冷落的庭院，吹来了斜风细雨，一层层的院门紧紧关闭。春天的娇花即将开放，嫩柳也渐渐染绿，寒食节即将临近，又到了令人烦恼的时日。推敲险奇的韵律写成诗篇，从沉醉的酒意中清醒，还是闲散无聊的情绪，别有一番闲愁在心头。远飞的大雁尽行飞过，可心中的千言万语却难以托寄。

连日来楼上春寒冷冽，帘幕垂得低低。玉栏杆我也懒得凭倚。锦被清冷，香火已消，我从短梦中醒来。这情景，使本来已经愁绪万千的我不能安卧。清晨的新露涓涓，新发出的桐叶一片湛绿，不知增添了多少游春的意绪。太阳已高，晨烟初放，再看看今天是不是又一个放晴的好天气。

点绛唇·闺思

寂寞深闺，柔肠一寸愁千缕。惜春春去，几点催花雨。

倚遍阑干，只是无情绪。人何处，连天衰草，望断归来路。

新译：

独坐深闺，只觉得寂寞，每一寸柔肠都藏着千缕愁绪。春天即将远去，雨点伴随着落花，如此令人疼惜。

我倚遍了阑干，也是心情无依。不知道心上人此刻在何处，连绵的荒烟蔓草，隔断了目光，让我看不到他归来的路。

凤凰台上忆吹箫

香冷金猊，被翻红浪，起来慵自梳头。任宝奁尘满，日上帘钩。生怕离怀别苦，多少事、欲说还休。新来瘦，非干病酒，不是悲秋。

休休！这回去也，千万遍阳关，也则难留。念武陵人远，烟锁秦楼。唯有楼前流水，应念我、终日凝眸。凝眸处，从今又添，几段新愁。

新译：

狮身铜炉里的香灰已经冷透，红色棉被在床上翻卷如浪，一夜睡醒后依然浑身倦怠，只能强撑精神梳头。妆奁上已经积满了灰尘，日影也已经爬上了帘钩。我最怕的就是离别之苦，多少心事欲说还休。近来我又消瘦了一些，却不是因为生病和醉酒，也不是因为悲秋。

罢了！这一次他要离去，我纵然唱千万遍《阳关三叠》也难以挽留。我的心上人远去了，空留我与楼台，也只有那楼前的垂柳与河水，会懂得我每日凝望的目光，知道我从此又添了相思与哀愁。

蝶恋花

暖雨晴风初破冻。柳眼梅腮，已觉春心动。酒意诗情谁与共？泪融残粉花钿重。

乍试夹衫金缕缝。山枕斜欹，枕损钗头凤。独抱浓愁无好梦，夜阑犹剪灯花弄。

新译：

春雨和晴风驱走了残冬的严寒。柳叶灵动，梅花吐蕊，春意已经在萌动了。没有爱人在身边，我能与谁一起论诗对酒呢？泪水打湿了妆容，只觉花钿沉沉。

初试金丝缝制的夹衫，也不能让心情转晴。斜靠在枕头上，却折损了凤钗。心有浓愁是无法做美梦的，此刻夜色又阑珊，依旧无法入睡，只能剪烛弄灯花，熬过这个长夜。

蝶恋花·晚止昌东馆寄姊妹

泪湿罗衣脂粉满。四叠阳关，唱到千千遍。人道山长山又断，萧萧微雨闻孤馆。

惜别伤离方寸乱。忘了临行，酒盏深和浅。好把音书凭过雁，东来不似蓬莱远。

新译：

与你分别时，泪水打湿了我们的脸庞和衣衫，你一遍一遍唱《阳关》曲为我送行。这一去山长水远，目光隔断，冒着潇潇微雨，我孤身一人投宿驿馆。

依依惜别时，离愁别绪让我乱了方寸，竟忘记了临行时杯中酒的深与浅，也忘记了叮嘱你，要常写信给我，毕竟我所去的东莱不像蓬莱那般遥远。

蝶恋花·上巳召亲族

永夜恹恹欢意少。空梦长安，认取长安道。为报今年春色好，花光月影宜相照。

随意杯盘虽草草。酒美梅酸，恰称人怀抱。醉里插花花莫笑，可怜春似人将老。

新译：

漫漫长夜，让人精神委靡，落落寡欢。在梦里，我见到了京城，还能认出那些熟悉的街道，醒来后才发现是空欢喜一场。为相报今年的美好春色，花光与月影相互映照，如此曼妙。

宴席很随意。但酒和点心都很美味，令人称意。酒醉后将花插在头上，希望花朵不要笑我，可怜春天就要过去，而我也即将衰老。

菩萨蛮

归鸿声断残云碧，背窗雪落炉烟直。烛底凤钗明，钗头人胜轻。角声催晓漏，曙色回牛斗。春意看花难，西风留旧寒。

新译：

北归鸿雁的叫声如此令人断肠，我循音望向碧空，却只看到几丝残云，雪花簌簌落在窗外，香炉升起一缕细细的轻烟。烛光照亮了我头上的凤钗，钗头的人胜首饰是那么轻巧。夜间角声如催，滴漏迎来了天光，斗转星横间，又到了黎明时分。早春，残冬的冷风与苦寒尚未散尽，花朵也未绽放，还难以看到鲜花。

临江仙

庭院深深深几许？云窗雾阁常扃。柳梢梅萼渐分明。春归秣陵树，人老建康城。

感月吟风多少事，如今老去无成。谁怜憔悴更凋零。试灯无意思，踏雪没心情。

新译：

这幽深的庭院有多深呢？窗阁仿佛有了云雾，重门也深锁。柳梢已渐渐返青，梅花正在绽放，秣陵城树木渐绿，可见春已归来。只有我无家可归，看来要在这建康城孤独老去了。

感叹往昔曾多少回吟风赏月，对酒填词，如今年华老去，却一事无成。有谁会怜惜我的憔悴与衰老呢？元宵试灯，踏雪赏景，都没有曾经的心情了。

临江仙·梅

庭院深深深几许？云窗雾阁春迟。为谁憔悴损芳姿。夜来清梦好，应是发南枝。

玉瘦檀轻无限恨，南楼羌管休吹。浓香吹尽有谁知。暖风迟日也，别到杏花肥。

新译：

这幽深的庭院有多深呢？仿佛窗阁有了云雾，春意也愈发深浓。你是为谁容颜憔悴，瘦损芳姿？梅花开时，就连夜间清梦也美好了起来。

梅花花瓣轻盈，风骨清瘦，南楼的羌笛呀，请不要再吹忧愁。这馥郁的花香被吹尽了，又有谁来怜惜？希望春天的暖风，不要一下吹到杏花盛开的时节。

南歌子

天上星河转，人间帘幕垂。凉生枕簟泪痕滋。起解罗衣，聊问夜何其？

翠贴莲蓬小，金销藕叶稀。旧时天气旧时衣。只有情怀，不似旧家时。

新译：

天上星河流转，人间夜幕低垂。凉席透出阵阵寒意，眼泪打湿了枕头，且换一件罗衣。又问，夜色如何了？

罗衣渐宽，昔日用翠线绣成的莲蓬显得更小了，用金线绣成的莲叶也觉得稀疏。天气年年如旧，罗衣年年如旧，只有情怀再也回不到从前了。

鹧鸪天

寒日萧萧上琐窗，梧桐应恨夜来霜。酒阑更喜团茶苦，梦断偏宜瑞脑香。

秋已尽，日犹长，仲宣怀远更凄凉。不如随分尊前醉，莫负东篱菊蕊黄。

新译：

疏淡的阳光照在窗上，想来那梧桐也会懊恼夜间的风霜。酒后更喜欢团茶的浓酽苦味，夜间醒来则适宜闻瑞脑的香气。

秋天已经过去了，日子愈发漫长，比王粲《登楼赋》所抒发的怀乡之情更加凄凉。不如就像陶渊明一样，借酒消愁，不要辜负东篱盛开的菊花。

忆秦娥·咏桐

临高阁，乱山平野烟光薄。烟光薄，栖鸦归后，暮天闻角。

断香残酒情怀恶，西风催衬梧桐落。梧桐落，又还秋色，又还寂寞。

新译：

登临高楼，只见乱山延绵，四野寥廓。日光稀薄，鸦鹊归巢之后，暮色沉沉，又听到了号角的声音。

沉香燃尽，酒杯已空，心绪悲楚。寒风吹得梧桐片片叶落，秋色如此，寂寞如此。

声声慢

寻寻觅觅，冷冷清清，凄凄惨惨戚戚。乍暖还寒时候，最难将息。三杯两盏淡酒，怎敌他、晚来风急！雁过也，正伤心，却是旧时相识。

满地黄花堆积，憔悴损，如今有谁堪摘？守着窗儿，独自怎生得黑！梧桐更兼细雨，到黄昏、点点滴滴。这次第，怎一个愁字了得！

新译：

这迷茫、彷徨、悲戚、哀伤的心绪，在乍暖还寒的时候，最难消融。为解愁，饮下几杯清淡的酒，怎知晚来风骤，惹人一阵伤怀。大雁飞过头顶，又是一阵伤心，我曾在北方见过它们。

菊花已经全部萎谢了，花瓣堆积在地上，憔悴瘦损，再也没有人去采摘。我坐在房间里，一个人守着寂寞的时光，只觉日子是这样难挨。细雨落在梧桐叶上，滴滴答答，一直到黄昏。此情此境，怎是一个愁字就可以诠释的。

浣溪沙

莫许杯深琥珀浓，未成沉醉意先融。疏钟已应晚来风。

瑞脑香消魂梦断，辟寒金小髻鬟松。醒时空对烛花红。

新译：

不要以深杯浓酒来消愁，酒尚未饮便有了醉意。疏钟回应着阵阵晚风。

瑞脑香慢慢消散，人依旧辗转难眠，鬓发已凌乱，金钗一遍一遍落下来。醒来时，也只有烛光在回应我。

孤雁儿

藤床纸帐朝眠起，说不尽、无佳思。沉香烟断玉炉寒，伴我情怀如水。笛声三弄，梅心惊破，多少春情意。

小风疏雨萧萧地，又催下、千行泪。吹箫人去玉楼空，肠断与谁同倚？一枝折得，人间天上，没个人堪寄。

新译：

早晨醒来，坐在藤床上、纸帐中，心里涌动着不可言说的愁绪。沉香已经燃尽，玉炉的温度已经冷却，昨夜，正是它们伴我情思起伏。有人在吹一曲《梅花三弄》，幽幽的笛声让梅花都绽开了，春意四处弥漫。

斜风细雨让空气愈发清冷，又让人伤心泪流。我的夫君已经离我远去，我肝肠寸断时还能与谁相依？我折一枝梅花，然而人间天上，也没有人可寄。

渔家傲

天接云涛连晓雾，星河欲转千帆舞。仿佛梦魂归帝所。闻天语，殷勤问我归何处。

我报路长嗟日暮，学诗谩有惊人句。九万里风鹏正举。风休住，蓬舟吹取三山去！

新译：

天上的云涛与水面的晨雾连接在一起，我在船舱中仰望天穹，无数舟船在海面乘风破浪，银河仿佛要倾泻下来。我的梦魂似乎也到了天宫。天帝热情地问我，你要去何方。

我回答天帝说，路途漫漫，只叹天光将晚，从前学诗，诗句曾令人称道，但如今空无一用。于是天帝请大鹏乘风飞上九万里高空。我只愿这大风不要停，将我这小船早早送到目的地去。

诉衷情

夜来沉醉卸妆迟，梅萼插残枝。酒醒熏破春睡，梦断不成归。

人悄悄，月依依，翠帘垂。更挼残蕊，更捻馀香，更得些时。

新译：

夜间大醉之后，来不及卸妆就和衣而睡，云鬓上还簪戴着梅花的残枝。薰薰花香又将我从这一场春睡中唤醒，梦再难续，人也尚未归乡。夜色岑寂，月影依依，房间里翠帘低垂。我辗转难眠，便只能捻着梅花花瓣，闻着残余的香气，消磨这漫漫长夜。

好事近

风定落花深，帘外拥红堆雪。长记海棠开后，正伤春时节。酒阑歌罢玉尊空，青缸暗明灭。魂梦不堪幽怨，更一声啼鴂。

新译：

一场风后，海棠花被吹落。珠帘之外，绯红的花瓣如纷纷落雪，堆积在了一起。我总记得，每年海棠花开过之后，就到了伤春的时节。

歌声初歇，玉杯将空，酒兴阑珊，青荧的烛光也忽明忽暗，即将熄灭。我的心神已经难以禁受幽怨，鹍鴂的啼声又令人愈加伤心。

摊破浣溪沙

病起萧萧两鬓华，卧看残月上窗纱。豆蔻连梢煎熟水，莫分茶。

枕上诗书闲处好，门前风景雨来佳。终日向人多酝藉，木犀花。

新译：

一场大病，我两鬓又生出了不少白发，在病榻上，我闲看着残月爬上窗纱。将豆蔻连着枝叶煎成药水，暂时还没有心情应付繁琐的茶戏。

倚枕闲读诗书，时光清好，尤其下雨天，觉得门外的风景更有韵味。这个季节，每天陪着我的，只有那清香的桂花。

清平乐

年年雪里，常插梅花醉。挼尽梅花无好意，赢得满衣清泪。

今年海角天涯，萧萧两鬓生华。看取晚来风势，故应难看梅花。

新译：

曾经每年下雪时，我都会折下梅花簪戴，从而沉醉其中。如今折下梅花，也只是忧伤地搓动梅枝，任凭眼泪打湿衣衫。

今年我身在远方，年华苍苍，两鬓斑斑，看着这晚风的来势，怕是很快就要花落满地了。

菩萨蛮

风柔日薄春犹早，夹衫乍著心情好。睡起觉微寒，梅花鬓上残。

故乡何处是？忘了除非醉。沈水卧时烧，香消酒未消。

新译：

早春，微风柔和，阳光清薄，刚换上夹衫，感觉心情不错。午间小睡醒来，却有微微寒意袭来，鬓上的梅花也凋落了。

我的故乡在何方？只有在醉梦中，我才能暂忘思乡的忧愁。午睡前点着的沉香已经燃尽，我的酒意还尚未消退。

武陵春·春晚

风住尘香花已尽，日晚倦梳头。物是人非事事休，欲语泪先流。

闻说双溪春尚好，也拟泛轻舟。只恐双溪舴艋舟，载不动，许多愁。

新译：

风雨停歇了，一春的花朵也落尽，连尘土中都散发着香气。日光高照，我却无心梳洗。叹息这年复一年，花开花落，亘古不变，而许多故人旧事却再也不会重来，我尚未开口，就已经泪流不止。

听说双溪的春色还未逝去，我也想去那里泛舟寻芳。只是担忧双溪那薄薄的小船，载不动我心底沉重的哀愁。

永遇乐·元宵

落日熔金，暮云合璧，人在何处？染柳烟浓，吹梅笛怨，春意知几许？元宵佳节，融和天气，次第岂无风雨。来相召，香车宝马，谢他酒朋诗侣。

中州盛日，闺门多暇，记得偏重三五。铺翠冠儿，捻金雪柳，簇带争济楚。如今憔悴，风鬟雾鬓，怕见夜间出去。不如向，帘儿底下，听人笑语。

新译：

落日如溶化的黄金，被漫天的霞光映衬着，令人不知身在何处。焰火的雾气萦绕在垂柳之上，听一曲梅花，幽咽笛声里，蕴藏着多少春意？这天气和煦的元宵佳节，会不会转瞬就有风雨？友人们乘着华美的车驾邀我参加宴会，都被我谢绝。

还记得从前汴京繁华的盛况，闺阁之中的女子们多有闲暇，最是重视元宵。她们头戴翠羽，簪佩雪柳头饰，将自己精心装扮得分外美丽。而如今，我身心憔悴，云鬓散乱，已经到了怕见人的程度，便只能在夜间出去了。不如就这般躲在帘底，听听他人的欢笑就好。

添字丑奴儿

窗前谁种芭蕉树，阴满中庭。阴满中庭，叶叶心心，舒卷有馀清。伤心枕上三更雨，点滴霖霪。点滴霖霪，愁损北人，不惯起来听。

新译：

窗前不知是谁栽种的芭蕉树，如今已浓荫遍地，叶片伸展，叶心舒卷，遮蔽了整个庭院。

夜半时黯然神伤，外面下起了雨，仿佛落在枕边。雨一点一滴敲打着芭蕉叶，让我这个北方人更是辗转难眠。到底是听不惯南方的芭蕉雨，被愁绪折磨着，只能披衣起床。

上架建议：畅销书·传记

ISBN 978-7-5594-2789-2

9 787559 427892 >

定价：42.80 元